EN BUSCA DE LA

AUTOESTIMA PERDIDA

3ª EDICIÓN

AQUILINO POLAINO-LORENTE

EN BUSCA DE LA
AUTOESTIMA
PERDIDA

PRÓLOGO DE JOSÉ PEDRO MANGLANO

3ª EDICIÓN

DESCLÉE DE BROUWER

1ª edición: abril 2003
2ª edición: septiembre 2003
3ª edición: julio 2004

© Aquilino Polaino-Lorente, 2003

© EDITORIAL DESCLÉE DE BROUWER, S.A., 2003
  C/ Henao, 6 - 48009 BILBAO
  www.edesclee.com
  info@edesclee.com

Printed in Spain
ISBN: 84-330-1781-0
Depósito Legal: SE-3285-2004
Impresión: Publidisa

Índice

Prólogo

No es el objetivo de estas páginas recoger un conjunto de contenidos más o menos psicológicos acerca de la autoestima, parecidos a los que pudiera hallar en cualquier otro manual sobre el tema. En ellas se revisa el concepto de autoestima, así como su génesis y desarrollo, pero desde una perspectiva muy crítica y singular.

Me alegra presentar este libro. Pero ya en las primeras líneas quiero avisar que su contenido es un tanto peculiar y, desde luego, muy diverso de lo que ya constituye casi una tradición entre los expertos en autoestima. Este libro quiere ser más bien una *guía de perplejos*, es decir, un libro de orientación, que contribuya a repensar la autoestima desde una nueva perspectiva, a fin de que se haga la luz en personas confundidas y desorientadas. Aquí se *pone contra las cuerdas* el concepto mismo de autoestima, así como los símbolos y significados que se derivan de él o que están amenazados en la sociedad actual.

Los muchos años de docencia y de clínica del autor, le permiten afrontar algunas cuestiones relevantes que no han sido, a mi entender, atendidas como sería preciso en las numerosas publicaciones de las que disponemos sobre autoestima.

No hace falta detenerse en la actualidad e importancia del tema. El desenvolvimiento y desarrollo de los jóvenes, el crecimiento personal, la motivación en el trabajo, la formación del ámbito afectivo, el enamoramiento y la madurez en la vida conyugal, la formación de expectativas y el nivel de aspiraciones de las personas dependen en gran medida de cómo se vive la autoestima.

Aquilino Polaino nos ofrece un estudio riguroso y equilibrado. No cae en la fácil exaltación de este sentimiento básico y primordial. Estudia su origen, el modo en que los demás pueden influir sobre él y los procedimientos para evaluarlo de manera que se pueda diferenciar de otros posibles sentimientos que nada tienen que ver con él. También considera que la autoestima (su defecto o su exceso) puede estar vinculada a trastornos psicopatológicos que, de ser modificados, contribuirían sin duda al bien de la persona. Indaga, por último, en algunas cuestiones nucleares que están en su base: ¿de dónde le viene a la persona el anhelo por ser ella misma, por ser estimada, por encontrarse en paz consigo misma?, ¿de dónde procede esa nostalgia del *yo* por lo que tal vez no llegó a ser, aunque lo pretendió con todas sus fuerzas?, ¿cuáles son las dificultades y resultados con que las personas se encuentran cuando se deciden a recuperar la autoestima perdida?, ¿es posible recuperar la autoestima?, ¿hay alguna vía que parezca más aconsejable para el logro de este propósito fundamental?

La prehistoria de este libro se encuentra en los cursos impartidos por el autor *sobre autoestima*, en 1998 y 1999, en las Universidades de Los Andes (Chile), Panamericana (México) y Austral (Argentina), y del diálogo con los participantes. A estos cursos le siguieron cinco vídeos sobre la estima personal, en forma de entrevistas, que fueron editados por la Clínica de la Universidad de Navarra.

Las cuestiones allí desarrolladas fueron más amplias que las que se incluyen en esta publicación, por lo que es probable que tengamos la suerte de que a este texto siga otro –ya en preparación– que lo complete.

El libro parte de los tres supuestos siguientes: 1) que la autoestima es algo que se da sin más en las personas; 2) que la autoestima puede perderse; 3) y que hay gente que la busca, bien porque no la ha encontrado todavía o bien porque después de hallarla, la extravió.

Del primer supuesto se ocupan los tres primeros capítulos. Del segundo y tercer supuesto, los capítulos seis y siete. En el cuarto, se explica aquello que la autoestima no es, pero que en ocasiones puede confundirse con ella, y en el capítulo cinco se atiende a la fatiga de ser uno mismo.

A lo largo de sus páginas se han formulado algunas preguntas: ¿cómo conocerse mejor?, ¿cómo relacionar la autoestima con la estimación de los demás?, ¿cómo se percibe la autoestima?, ¿qué relación hay entre el deseo y la realidad?, ¿en qué consisten los sentimientos?, ¿cómo establecer un diálogo entre *la cabeza* y *el corazón*?, ¿en qué forma se ensamblan los valores y la estima personal?, ¿cómo influyen en la autoestima los roles atribuidos al género por la sociedad?, ¿a qué se debe la fatiga de ser uno mismo?, ¿qué relación hay entre autoestima e individualismo?, ¿para qué sirve pensar?, ¿puede la educación de los sentimientos mejorar la autoestima?, ¿cuáles son las condiciones de posibilidad de una vida feliz?, ¿se puede vivir así?

Se trata de las preguntas que se han formulado a lo largo de la historia acerca del hombre.

Es preciso articular la vida íntima con la vida social, tender un puente que una la propia orilla del presente, en que nos encontramos, con la del pasado, en donde tal vez están asentadas y un tanto agostadas nuestras propias raíces. Esta articulación o ensamblaje precisa de la memoria, de la memoria acerca de quién es uno mismo. Sin ella la propia identidad deviene en vida fragmentaria, los proyectos, en meras ilusiones, el azar en necesidad, la realidad, en fingimiento y simulación, y las numerosas posibilidades de cada persona, en mera indefensión e imposibilidad.

Al hombre contemporáneo, prisionero en la ignorancia de sí –también en lo que se refiere a la autoestima–, le es muy fácil extraviarse en el camino de la vida. Abrumado por la masa ingente de información que recibe, azacanado por el fastidio de tantas idas y venidas al encuentro de numerosos prejuicios para su inteligencia, es lógico que se encuentre muy fatigado. Desde luego que quiere ser él mismo y, sin embargo, es apenas un prisionero ofuscado en su desorientación vital. Conoce muchas cosas, pero tal vez ignore la que es más importante y principal: su propia persona. Acaso llega a encontrarse con otras personas al calor de un diálogo que les une y les lleva a compartir la intimidad entre ellos pero, al mismo tiempo, no es capaz de encontrarse consigo mismo, tal vez porque su persona sea una perfecta desconocida. Estas circunstancias hacen que no tenga nada de particular que la mayoría de las personas vaya *en busca de la autoestima perdida*. Y de eso trata este libro.

Con acierto y exactitud, el doctor Polaino nos lleva al olvidado mundo de la intimidad. La autoestima tiene sentido; y más sentido tiene aún su búsqueda cuando ésta todavía no se ha encontrado o se ha extraviado en los vericuetos que nos introducen en el laberinto que es la sociedad actual. Se trata de salir de la oscuridad y la penumbra del sótano en que hoy se encuentra la intimidad del hombre. Pero para salir de ella es preciso haber entrado. Y hay que entrar en ese recinto, opaco para los demás y para sí mismo, dispuestos a abrirse a la luz del *Logos* que allí reside, de manera que la persona encuentre la verdad (*alétheia*) de su vida. Y que, encontrándola, deje de ser el rehén de su propia ignorancia, se recobre a sí mismo y pueda comunicarse a otros, contribuyendo a hacer una sociedad más luminosa, más libre y, desde luego, más humana.

Es muy aconsejable –muy necesario en la práctica– conocernos a nosotros mismos. Pero este conocimiento no es fácil. La perfecta y aislada reflexión acerca de nuestro *yo* no es el camino más recomendable y en modo alguno el único. La reflexión solitaria es necesaria, pero sólo ocasionalmente. Si nos excedemos en ella, puede contribuir a la propia ruina en forma de narcisismo, *autodesprecio* o fatiga de ser quienes somos.

¿Cómo acercarse, entonces, al propio *yo*? La sugerencia del autor es clara. La inteligencia que se dirige directamente al propio conocimiento no debe trabajar en el vacío, porque se queda sin referentes, sin razones acerca de lo que es o no conveniente hacer. Es mejor la inteligencia que aprehende el propio *yo* mediata e indirectamente, porque entonces no trabaja sola, sino en un contexto habitado por las imprescindibles referencias; se aprehende el *yo* en lo que la persona hace, dice, siente o piensa. Pero ese pensar, sentir, decir o hacer no está *descontextualizado*, sino que se presenta, entonces, en una situación en que los otros están siempre presentes y hacen que la persona se sienta responsable de ellos y, por eso, responsable también de sí misma.

El camino que aquí se propone es el siguiente: conocimiento personal, aceptación serena de uno mismo, autoposesión y autodonación. En la práctica, sin conocimiento de sí mismo, es poco menos que imposible que la persona se acepte tal y como es. Si no nos aceptamos –también en nuestras limitaciones y defectos–, puede afirmarse que no nos poseemos. Y si no nos poseemos, ¿cómo darnos a los demás?, ¿cómo entregar el propio *yo*, operación en que consiste el amor humano?, ¿cómo amar a alguien, cómo darnos al otro si no nos pertenecemos?

Entonces, si no nos damos, ¿para qué queremos estimarnos?, ¿para qué disponer de un expediente o currículum vítae inmaculado y excepcional –la autoestima– que no podemos compartir con nadie?, ¿podemos acaso ser felices con tan solo estimarnos a nosotros mismos en la soledad incomunicante e incomunicada de nuestro propio corazón aislado y solitario?

No termino sin agradecer al doctor Polaino su esfuerzo por exponer de forma asequible y sencilla en estas páginas lo que él ha aprendido con el esfuerzo de años.

José Pedro Manglano Castellary

1

Introducción al concepto de autoestima

1.1. Introducción

El término *autoestima* está de moda. Sin embargo, es muy posible que su significado más profundo todavía no haya sido desvelado como merece, y eso con independencia de que sea un concepto de muy amplia circulación social en la actualidad. Cuanto más frecuente es su uso en el lenguaje coloquial, más parece que su auténtico significado es ignorado y pasa inadvertido a muchos. No deja de ser curioso que el uso generalizado de tal concepto, aunque venga empleándose en el ámbito de la Psicología desde hace muchos años, sólo se haya divulgado y hecho emblemático en las últimas décadas.

El término *autoestima* es la traducción del término inglés *self-esteem*, que inicialmente se introdujo en el ámbito de la Psicología social y en el de la personalidad; denota la íntima valoración que una persona hace de sí misma. De ahí su estrecha vinculación con otros términos afines como el *autoconcepto* (*self-concept*) o la *autoeficacia* (*self-efficacy*), en los que apenas se ha logrado delimitar, con el rigor necesario, lo que cada uno de ellos pretende significar (González y Tourón, 1992).

Hasta cierto punto, es natural que importe tanto la autoestima, puesto que atañe a la dignidad de la persona y hace referencia a la índole del *yo*. En cualquier caso, ¿qué significado tiene su magni-

significado profundo no desvelado

self-steem

importancia

ficación?, ¿es que estamos acaso en una etapa cultural de acendrado individualismo y reafirmación del *yo*?, ¿puede tal vez reducirse lo que la autoestima es y significa a sólo la autoexaltación del *yo*?, ¿constituye este concepto, por el contrario, un modo de enriquecimiento cultural, en servicio de la dignidad de la persona?, ¿cuál es su fundamento?, ¿añade algo o completa en algún aspecto la formación de la persona?

A lo largo de los capítulos que siguen se atenderá a éstas y otras cuestiones, a la vez que se procurará penetrar en el esclarecimiento de este concepto, y en la grandeza y servidumbres que se pueden estar derivando, en la actualidad, de un uso abusivo y fragmentario.

1.2. Concepto y tipos de autoestima

La sociedad se ha vuelto demasiado acrítica respecto del significado inicial del concepto de *autoestima*, del que en buena parte es deudora la acepción actual, tal y como en la actualidad se emplea. El término *autoestima* tiene una larga historia y un breve pasado, ambos inscritos en el ámbito casi exclusivo de la Psicología.

Por lo general, cuando un término escapa del ámbito científico de donde procede, hace fortuna cultural y se instala en la prensa de cada día, es frecuente que se tergiverse o que su significado pierda el rigor y la precisión que tenía. De ahí que sea razonable admitir una cierta *sospecha* acerca del buen o mal uso que de él se hace.

definición
autoestima

Nos encontramos ante un término un tanto ambiguo y complejo. La autoestima no es otra cosa que la estimación de sí mismo, el modo en que la persona se ama a sí misma. Lógicamente, es natural que cada persona haya de estimarse a sí misma. ¿Por qué? Porque en cada persona hay centenares de cualidades y características positivas que son estimables. Pero para estimarlas objetivamente y con justicia es necesario conocerlas previamente. De hecho, si no se conocen es imposible que puedan ser estimadas. Por eso no todas las personas se estiman de la misma manera.

Hay muchas personas que más bien se desestiman, y eso porque no se conocen en modo suficiente. Algo parecido puede afirmarse respecto del modo en que son estimadas por los demás. De ahí que la autoestima, a pesar de ser un valor socialmente en alza, no sea en verdad apreciada –la mayoría de las veces– ni familiar ni institucionalmente.

conocimiento insuficiente

Ahora bien, conocerse no es lo mismo que estimarse. En realidad, para designar la acción de conocerse, la Psicología emplea otro término, el *autoconcepto (self-concept)*, que, aunque relacionado con la autoestima, debería diferenciarse de ella con claridad.

self-concept

La mayor parte de las veces, la percepción que las personas tienen de sí mismas suele estar equivocada o ser inexacta. Esto pone de manifiesto lo difícil que es el conocimiento personal, el conocerse a sí mismo con propiedad. En realidad, esta es probablemente la causa principal de que los problemas de autoestima se hayan multiplicado.

William James en su libro *The Principles of Psychology*, publicado por primera vez en 1890, ya hace mención de este término en el capítulo dedicado a la conciencia del yo. El autor hace allí consideraciones que todavía hoy resultan de mayor alcance, pertinencia y relevancia que algunas de las reseñadas en ciertas publicaciones recientes.

James (p. 262) distingue, por ejemplo, entre tres tipos de autoestima: la **material** (vanidad personal, modestia, orgullo por la riqueza, temor a la pobreza, etc.), la **social** (orgullo social y familiar, vanagloria, afectación, humildad, vergüenza, etc.), y la **espiritual** (sentido de la superioridad moral o mental, pureza, sentido de inferioridad o de culpa, etc.).

tipos de autoestima

En su opinión, la autoestima es un sentimiento que depende por completo de lo que nos propongamos ser y hacer, y que está determinado por la relación de nuestra realidad con nuestras

definición de W. James

supuestas potencialidades. De acuerdo con James, la autoestima puede expresarse según una fracción en cuyo denominador están nuestras pretensiones y en cuyo numerador, los éxitos alcanzados:

$$\text{Autoestima} = \text{Éxito} / \text{Pretensiones}$$

Por consiguiente, la autoestima puede aumentar o disminuir en función de los valores que se otorguen al numerador y al denominador. Cuanto mayor sea el éxito esperado y no alcanzado, más baja será la autoestima. Por el contrario, cuanto menores sean las aspiraciones de las personas o mayores sean los éxitos lucrados, tanto mayor será la autoestima conseguida.

autoestima resultado

Este modo de entender la autoestima parece haber marcado de modo casi definitivo el significado de este término. En efecto, de acuerdo con la anterior definición, hoy se entiende la autoestima más como una *autoestima-resultado* que como una *autoestima-principio*.

De este modo, se hace depender la autoestima de los logros, metas y éxitos alcanzados (resultados), con independencia de las cualidades, peculiaridades y características que posee cada persona, y que la singularizan y caracterizan (principios).

autoestima innata

No obstante, es un hecho que, cualquiera que fueren los éxitos obtenidos o incluso cuando todavía no se ha obtenido ninguno –como acontece en un niño de muy corta edad–, la autoestima, ya está presente en la vida de la persona.

Hay personas que *han triunfado en la vida* (de acuerdo, al menos, con lo que la opinión pública entiende por *triunfar*) y, sin embargo, se tienen en muy poca estima. Como me hizo notar en una ocasión un buen amigo: *hay triunfadores que dan pena;* es decir, han triunfado en su profesión y en su familia, tienen prestigio social, son admirados por mucha gente, disponen de un excelente futuro, trabajan en lo que les gusta y, a pesar de todo ello, se estiman muy poco, por lo que... ¡dan pena! Esta situación la he podido comprobar personalmente en muchas ocasiones.

Por el contrario, hay personas que desde la exclusiva perspectiva del éxito social alcanzado serían calificadas de fracasadas y, sin embargo, su estima personal es alta en modo suficiente, incluso demasiado alta en algunos casos. Esto demuestra que la autoestima no puede atribuirse principal o exclusivamente al éxito que se obtiene.

El *pragmatismo utilitarista* o *eficacismo* que comporta la anterior definición no parece que se compagine con la realidad personal que cualquier observador imparcial puede comprobar.

rendimiento personal y social

Así las cosas, la autoestima, tal y como es concebida hoy, es más un resultado del rendimiento personal y social que un principio a través del cual se reconoce la dignidad de la persona; la autoestima es más una propiedad que entronca y deriva de lo *conquistado* (lo adquirido) que de lo que a la persona le ha sido *dado* (el don innato y recibido).

La autoestima es, en definitiva, un concepto que muy poco o nada tiene que ver con la *bondad* o *maldad* de lo que uno hace (comportamiento ético) y que sólo depende, al parecer, de lo acertado o desacertado de las acciones emprendidas por la persona conforme a unos determinados criterios relativos a una especial productividad (comportamiento instrumentalizado).

comportamiento instrumentalizado

La autoestima se nos ofrece así como una mera consecuencia de los resultados del hacer –cuantificables, por lo general, según una mera dimensión económica y de prestigio social–, pero no del bien o mal realizados, que son los que, en última instancia, hacen que la persona se experimente a sí misma como *buena* o *mala* y, en consecuencia, se estime o desestime por ello.

El *ser* y el *tener*, lo objetivo y lo subjetivo, el *yo* y los resultados por él obtenidos se confunden aquí, sin que apenas puedan diferenciarse o distinguirse. Y ello, a pesar de que tal modo de proceder sea contrario a la común y generalizada experiencia empírica personal.

De hecho, al mismo tiempo que se acepta esta perspectiva, se rechaza de modo frontal (al menos teóricamente) cualquier opinión que reduzca el propio valor de la persona a sólo el éxito alcanzado por ella, a la cuota de poder conquistado o a la realización de las propias pretensiones, en términos contables de prestigio, dinero o popularidad.

aspectos
subrayados por
la acepción común
de autoestima

Sea como fuere, el hecho es que el concepto de autoestima puesto en circulación –y que goza de un amplio consenso tanto en el ámbito científico como en el de su uso lingüístico generalizado– subraya los siguientes aspectos:

1. un fuerte enfoque actitudinal;
2. el hecho diferencial entre las actitudes acerca de las propias aspiraciones (*yo ideal*) y sus respectivos grados de satisfacción (*yo real*);
3. un excesivo énfasis en lo emotivo que colorea o tiñe cualquier contenido con los propios sentimientos, entendidos éstos como logros positivos o negativos, éxitos o fracasos, aceptación o rechazo; y
4. la configuración de una nueva dimensión de la personalidad, en función de las motivaciones alcanzadas y de la propia capacidad de autorregulación (Pope, McHale y Craighead, 1988; Mruk, 1999).

En este contexto, es forzoso admitir que la autoestima está hoy agigantada y que, a su vez, tal magnificación no parece hacer del todo justicia a la naturaleza de la persona. No es que las personas hoy se estimen mejor a ellas mismas que antes, sino que, simplemente, se habla más de la autoestima y, por el momento, sólo eso. Han cambiado, qué duda cabe, los criterios que rigen el modo en que las personas se valoran a sí mismas.

De aquí la conveniencia, más aún, la necesidad de hacer algunas indagaciones acerca de este término, tal y como en el pasado lo entendieron numerosos autores (James entre ellos), con independencia de que en el modo de afrontar hoy este concepto pueda haberse dado una cierta tergiversación de su significado.

1.3. Análisis de otras posibles definiciones

Ahora bien, ¿son los criterios anteriores los más razonables, los que mejor concuerdan con la naturaleza de la persona, en una palabra, los mejor fundamentados? Esta es otra cuestión muy diferente a la que sería preciso responder desde el ámbito de otras disciplinas, porque rebasa con mucho el estricto ámbito de la Psicología de la autoestima.

He aquí el porqué de la conveniencia, más aún, de la perentoria necesidad, de realizar otros acercamientos alternativos al tema de la autoestima, con tal de que vayan más allá de su presentación psicológica habitual.

Numerosos autores se han ocupado de la autoestima, desde perspectivas muy diversas. Así, por ejemplo, Tausch y Tausch (1981), quienes hacen depender de la propia estimación el correcto funcionamiento de las capacidades psíquicas de niños y adultos, el desarrollo de sus respectivas personalidades, sus habilidades para la adaptación a la convivencia social y, en una palabra, todas sus capacidades intelectuales, afectivas y sociales.

> TAUSCH Y TAUSCH
> desarrollo correcto

En todo caso, hay casi tantas definiciones posibles de la autoestima como autores se han ocupado de ella. Hay, eso sí, un denominador común, amplio y diverso, pero que aúna a la mayoría de esas definiciones. Me refiero al pragmatismo utilitarista, aunque en una edición mucho más matizada y evolucionada que en el siglo XIX.

> pragmatismo utilitarista

Este es el caso, por ejemplo, de White (1963) –otro de los pioneros en el estudio de la autoestima– quien sitúa sus raíces en la experiencia de la propia competencia y el sentimiento de autoeficacia que se sigue. Pero, ¿pueden acaso establecerse muchas diferencias entre la eficacia y la consecución de los objetivos que se habían propuesto o el éxito?

> WHITE
> competencia y autoeficacia

MASLOW
necesidad vital
y motivación

Maslow ya subrayó que la estima de sí mismo es una *necesidad vital* (1993), aunque confiriéndole un cuarto lugar en el inventario de las necesidades humanas. La autoestima es una necesidad del *ego* que exige ser satisfecha, aunque después de otras necesidades básicas como el sentimiento de seguridad o la necesidad de asociación. En este autor la autoestima no se identifica con los logros a que antes se hizo referencia, sino, más bien, con el hecho de ser reconocidos por lo que somos; se trata de una necesidad estructuralmente vinculada a la esfera de la *motivación*.

En realidad, es difícil establecer la frontera entre motivación y estima personal; lo más probable es que, en tanto que procesos, ambos se imbriquen y sus consecuencias obren recíprocamente, tanto en sus aspectos disposicionales y de *puesta en marcha* del comportamiento, como en los resultados por ellos logrados. Más allá de estos procesos, lo que parece ser cierto es que están al servicio del *ego*, cualquiera que sea el horizonte desde el que se les observe.

ROSENBERG
el sí mismo

El significado de la autoestima deviene más confuso cuando tratamos de relacionarla –para distinguirla– con el *ego*, el *self*, el *sí mismo* y el *autoconcepto*. En realidad, las dificultades se acrecen aquí porque ninguno de estos conceptos ha sido definido de modo suficientemente riguroso. Sin embargo, un estudioso del tema como Rosenberg (1979) llega a definir la autoestima en función del *sí mismo*.

"La autoestima –escribe el autor citado– es una actitud positiva o negativa hacia un objeto particular: el sí mismo". Hay tres cuestiones en este acercamiento que, en mi opinión, resultan insatisfactorias por ser poco apropiadas. En primer lugar, el reducir la autoestima a sólo una mera actitud. En segundo lugar, el hecho de considerarla positiva o negativa globalmente, circunstancia que no suele acontecer en ninguna persona. Y, en tercer lugar, el hecho de hacerla referencial, como tal actitud, a un objeto (el *sí mismo*), sin plantearse ninguno de los problemas que surgen del hecho de que objeto y sujeto coincidan aquí, y sin explicar qué se entiende por *sí mismo*.

Hay autores que distinguen ámbitos sectoriales muy diversos en el *sí mismo*, en función de que se circunscriba o dé preferencia a ésta o aquéllas conductas, generalmente vinculadas a las funciones cognitivas y del aprendizaje, a través de las cuales la persona toma conciencia de quién es y, sobre todo, de lo que vale (Fierro, 1998). Esta sectorización del *sí mismo*, en la que se privilegian unos comportamientos respecto de otros, podría llegar a constituir, en algunos casos, una aproximación un tanto espuria a la autoestima y su significación –al menos desde la perspectiva de la metodología–.

¿En función de qué criterio pueden estimarse en más unos comportamientos que otros?, ¿es que acaso las personas proceden de un modo uniforme y riguroso al establecer los valores y criterios a través de los cuales evalúan su propia estimación? No parece que sea así; la experiencia es más bien unánime en sentido contrario. Por otra parte, ¿por qué se ha de valorar más o mejor el propio cuerpo, por ejemplo, que la cordialidad o la simpatía?, ¿quién se atrevería a fundamentar tal modo de proceder?

La referencia al *sí mismo* parece ser la nota obligada, el axioma de partida exigido por este mismo concepto desde el principio. Coopersmith (1967), uno de los pioneros en los trabajos relativos a la evaluación de la autoestima, la definió del modo siguiente: la autoestima es "la evaluación que hace el individuo, que generalmente mantiene respecto de sí mismo, y expresa una actitud de aprobación o desaprobación e indica el grado en que el individuo se considera capaz, importante, con éxito y valioso".

COOPERSMITH
evaluación

A mi parecer, en esta definición se concede excesivo valor a esa *evaluación*, de la que, por otra parte, apenas se nos da más información. Como tal actividad judicativa que respecto de sí misma realiza la persona, considero que es necesario entrar en ella con mayor rigor que el convenido por el mero *funcionalismo*. Discrepo de otros aspectos relevantes de esta definición. En concreto, de la supuesta *estabilidad* de la autoestima, pues ésta varía mucho en función de la edad, las circunstancias, etc.; lo mismo puede afirmarse respecto a la *perspectiva actitudinal* adoptada, a la rígida y globalizante *aprobación o desaprobación* de la persona, y a los valores (*capacidad, importante, éxito*) que se incluyen en la definición.

atomización del yo

Por el contrario, otros autores pusieron un mayor énfasis en el comportamiento social y llegaron a fragmentar el *self*, según lo habían hecho derivar de los diversos grupos sociales de pertenencia. De hecho, se ha llegado a admitir tantos *egos socioculturales* en una misma persona como los grupos sociales de pertenencia o referencia de esa persona (Sorokin, 1962). El *mosaicismo social* del *yo* estaría así servido, pero también su atomización fragmentaria. De ser así, ¿a qué instancia habrá que apelar para lograr restituir a la persona la unidad y unicidad, además de la singularidad, continuidad, coherencia e irrepetibilidad que le caracterizan como tal?

Es cierto que la autoestima es también una dimensión –y una dimensión irrenunciable– del *sí mismo*. Pero no parece que pueda ser algo adherido, yuxtapuesto al *yo* o al modo de una excrecencia que emergiera del yo. No sería extraño que entre las diversas dimensiones que configuran el complejo entramado del *yo*, una de ellas –ahora especialmente atendible– fuera la autoestima, entendida ésta como conocimiento de uno mismo en lo relativo a las propias capacidades personales, al modo en que nos relacionamos con los otros, al modo en que los otros nos perciben, además de a los valores que en el transcurso de la propia vida se han ido encarnando y configurando como referente singular e inequívoco de la propia forma de ser.

BRANDEN autoconfianza y autorespeto

Tal vez la definición que se nos propone desde la perspectiva clínica sea un poco más acertada. "La autoestima –escribe Branden, 1969– cuenta con dos aspectos interrelacionados: vincula un sentido de eficacia personal y un sentido de merecimiento personal.

Constituye la suma integrada de auto-confianza y auto-respeto [sic]. Es el convencimiento de que uno es competente para vivir y merece vivir".

Hay algunos aspectos positivos que han de destacarse en la definición anterior. La apelación al *merecimiento personal* es, desde luego, uno de ellos; la apelación al auto-respeto, el otro. Aunque el autor continúa apelando a la *utilidad* de los logros y a la supuesta estabilidad de la autoestima, no parece tener inconveniente alguno, sin embargo, en apelar al *respeto hacia sí mismo*, cuestión ésta que, a mi entender, resulta primordial.

Su relevancia se ha hecho notar en otros muchos autores que han seguido su línea como, por ejemplo, Epstein (1985) y Bednar, Wells y Peterson (1989). Otro acierto importante de Branden es que se refiere a la autoestima como una *convicción*, un término que va más allá de los meros sentimientos y creencias, en tanto que denota las implicaciones de un sujeto activo y libre en aquello que realiza en sí mismo.

En un acertado y breve artículo de 1977, Polo establece la necesaria articulación entre *sí mismo, yo* y *persona*; aunque convenga también establecer las relativas diferencias entre ellos.

POLO
sí mismo, yo
y persona

"Resulta evidente –y negarlo sería penoso [escribe Polo]– que el hombre es el ser más individual del Universo; sin embargo, la exageración de este punto lleva a concebirlo como cerrado en sí, lo que significaría justamente la negación de su carácter individual, puesto que lo característico del individuo es precisamente la posibilidad de establecer relaciones, y cuanto más individuo se es, se es más universal".

"Con todo, ese carácter individual no se nos da de una vez por todas: existe un proceso de crecimiento con una serie de fases –sí mismo, yo, persona– cuya sucesión no sigue un sentido unívoco, sino que caben alternancias y retrocesos con significado ético. La tragedia del subjetivismo consiste en detener este proceso en la fase del *yo* y retroceder hacia el *sí mismo*, malbaratándolo, en lugar de abrirse a la fase siguiente, la *persona*, y trascenderse en ella hacia la Persona divina".

Llegados a este punto, trataré de ofrecer otras posibles definiciones que –con independencia de que sean meras propuestas de quien esto escribe–, tal vez puedan arrojar ciertas luces –aunque también algunas sombras– sobre el significado de este concepto (Polaino-Lorente, 2001).

La *primera definición* alude, como es obvio, al concepto de persona, sin cuya apelación la autoestima sería inconcebible. Se entiende por autoestima *la convicción de ser digno de ser amado por sí mismo* –y por ese mismo motivo por los demás–, *con independencia de lo que se sea, tenga o parezca.*

Se habla aquí de *convicción* por las naturales dificultades que entraña todo conocimiento de sí mismo y porque, además, en la génesis y estructura de la autoestima, los factores cognitivos –por importantes que sean– no lo son todo. Me interesa afirmar que esa estimación de sí mismo en modo alguno ha de estar fundamentalmente subordinada a los valores que *se sea, tenga o parezca.*

Considero que el fundamento de la autoestima es relativamente independiente de cuáles sean los valores que la persona ha recibido o ha conquistado en el transcurso de su vida. Esta definición puede tener un cierto talante personalista que, desde luego, el autor en ningún caso trata de eludir.

La *segunda definición* alude a numerosas experiencias vividas por el autor en la clínica acerca de lo que es el hombre y, por tanto, habría que inscribirla en el marco de una antropología experiencial y realista. Se entiende por autoestima *la capacidad de que está dotada la persona para experimentar el propio valor intrínseco, con independencia de las características, circunstancias y logros personales que, parcialmente, también la definen e identifican.*

No se penetra aquí, como sería aconsejable, en qué se entiende por tal *capacidad*, a fin de no alargar innecesariamente esta exposición, pero desde luego la autoestima no se reduce a sólo las funciones cognitivas. Al mismo tiempo, se subraya que los valores sobre los que se debe fundar tal estimación son, desde luego, los valores *intrínsecos*, aunque sin menospreciar los *extrínsecos* a los que también se abre el concepto, pero sin que jamás se subordine la autoestima a sólo estos últimos.

Los *valores intrínsecos* son aquellos valores autoconstitutivos que configuran el entramado del lugar más apropiado, la tierra firme donde hincar el propio yo, de manera que crezca derecho y en su máxima estatura posible;, de tal forma que se desarrolle vigorosamente y haga expedito el modo de sacar de cada uno la mejor persona posible para abrirse a los demás. Esta propuesta de definición tiene, claro está, una decidida *intencionalidad educativa* o, por mejor decir, autoeducadora.

La *tercera definición* alude a algo tan perentorio e inexcusable como la dirección de la propia vida y el comportamiento personal, es decir, la tarea de ir haciéndose a sí mismo, un hacer que está mediado por el uso de la libertad del que aquélla depende. Se entiende por autoestima aquí *el eje autoconstitutivo sobre el que componer, vertebrar y rectificar el yo que, en el camino zigzagueante de la vida, puede deshacerse al tratar de hacerse a sí mismo; la condición de posibilidad de rehacerse a partir de los deshechos fragmentarios, grandes o pequeños, saludables o enfermizos, buenos o malos, que como huellas vestigiales desvelan al propio yo* (Polaino-Lorente, 1997).

Este acercamiento debe mucho a mi experiencia como profesor universitario, psiquiatra y terapeuta familiar; una experiencia en verdad dilatada –de más de treinta y seis años– aunque para este menester nunca sea excesiva. Pues, al fin y al cabo, como escribe Grün (1999), "el objetivo de toda terapia es que el hombre pueda aceptarse tal como es, que diga sí a su historia personal, a su carácter, que se reconcilie con todo lo que hay en él".

2

La génesis y el desarrollo de la autoestima

2.1. Los cuatro principales ingredientes de la autoestima

Se ignora casi todo acerca de cuál sea la génesis y el origen de la autoestima, así como de los factores que, en cada persona, contribuyen a su desarrollo. En realidad, la autoestima tiene mucho que ver con el conocimiento personal, pero no sólo con ello. Así, por ejemplo, no parece aventurado admitir que las relaciones tempranas de afecto entre padres e hijos –eso que se conoce con el término de *apego*– contribuyen, en algún modo, a configurar la futura autoestima de las personas (Vargas y Polaino-Lorente, 1996).

Además, la estimación de cada persona respecto de sí misma no acontece en el vacío, no es fruto de una autopercepción aislada, solitaria y silenciosa, al estilo de la afilada y sutil introspección. La autoestima surge, claro está, de la percepción de sí mismo a la que se ha aludido, pero entreverada con la experiencia que cada persona tiene del modo en que los demás le estiman. Es decir, que un *referente* obligado y necesario con el que hay que contar aquí es, precisamente, la estimación percibida en los otros respecto de sí mismo o *estimación social*. En este punto, todavía es mucho lo que se ignora.

El tipo de *relaciones* que se establecen *entre padres e hijos* constituye un importante factor en la génesis de la autoestima. Aunque de ello nos ocuparemos en otro lugar de esta publicación, convie-

conocimiento personal

apego

estimación social

relaciones entre padres e hijos

ne dejar asentadas aquí algunas advertencias. Baste con apuntar ahora, que esas relaciones no actúan como causas determinantes de la autoestima, aunque sí pueden condicionarla en las muy diversas formas en que luego se manifestará en la etapa adulta. No obstante, hay hijos con una baja autoestima cuyos padres se han implicado mucho y bien en sus relaciones afectivas con ellos, y viceversa.

actitudes de los padres

Al parecer, las actitudes de los padres más convenientes para el desarrollo de la autoestima en los hijos pueden sintetizarse en las siguientes: *aceptación incondicional* de los hijos; *implicación* de los padres respecto a la persona del hijo; *coherencia personal* y disponer de un *estilo educativo* que esté presidido por unas expectativas muy precisas y que establezca unos límites muy claros (Rosenberg, 1965; Coopersmith, 1967; Baumrind, 1975; Newman y Newman, 1987).

ideal del yo y modelos

Hay otros muchos ingredientes que también se concitan en la génesis y desarrollo de la autoestima. Este es el caso, por ejemplo, del *ideal del yo* del que se parte, de la persona ideal que cada uno quiere llegar a ser. El *modelo* es lo que, en ocasiones, se toma como criterio con el que compararse y, según los resultados que se obtengan, lleva a estimarse o no. Este criterio media y sirve de *referente inevitable* respecto del modo en que cada uno se estima a sí mismo.

Este modelo tampoco ha caído del cielo, sino que se diseña y construye de una manera implícita, tomando como inspiración, muchas veces, a las personas relevantes con las que uno se ha relacionado y que, por sus cualidades y características, suelen suscitar los pertinentes sentimientos de admiración.

Es precisamente esta *admiración* la que empuja a elevar a esas personas a la categoría de *modelos* a los que imitar. Estos modelos no tienen que ser necesariamente globales, sino que como tal fuente inspiradora del *ideal del yo*, pueden manifestarse a través de sólo ciertos ámbitos sectoriales –el conjunto de algunos de esos rasgos y características que se desean alcanzar–, sin que por ello disminuya la relevancia de la función psicológica que están llamados a desempeñar.

En todo caso, importa mucho el modo en que se realiza la *atribución de valor al modelo*, porque de ese valor dependerá en muchos casos el criterio por el que se opte para evaluar la autoestima personal (Smelser, 1989).

La función de estos modelos es tanto más importante cuanto menor sea la edad de las personas que así los conciben y diseñan como inspiración para la vertebración del propio *yo*. Esto tiene una especial relevancia en la etapa de la adolescencia.

Otro ingrediente imprescindible en la configuración de la autoestima, al que no siempre se da el necesario énfasis, es el propio *cuerpo* o más exactamente expresado, la percepción del propio cuerpo. No hay estima sin corporalidad, de la misma forma que no hay persona sin cuerpo. Pero la percepción del propio cuerpo (de la corporalidad) en la mayoría de las personas casi nunca es objetiva.

percepción de la propia corporalidad

Lo más frecuente es que haya sesgos, atribuciones erróneas, comparaciones injustas y muchas distorsiones, como consecuencia de haberse plegado a los criterios extraídos de los modelos impuestos por las modas. Sin apenas espíritu crítico, es posible que en algunos casos acaben por parasitar, confundir y tergiversar la estima personal e induzcan a la persona a un juicio erróneo acerca de su propio cuerpo.

Todo ello pone de manifiesto que la persona se estima también en función de cómo perciba su propio cuerpo y de cómo considere que lo perciben los demás, con independencia de que esa percepción sea real o no; en función del valor estético que atribuya a su figura personal; de la peor o mejor imagen que considere que da de sí misma, etc.

Resulta muy difícil que la autoestima escape a este relevante factor. Y ello porque el cuerpo no es separable –aunque sí distinguible– del propio *yo*. El cuerpo media toda relación entre el *yo* y el mundo. Más aún, el cuerpo manifiesta el *yo* al mundo. Es a través del cuerpo como el *yo* se hace presente al mundo y el mundo se hace presente a la persona. Tanto importa a la autoestima personal la figura del propio cuerpo que, en algunos casos o en circunstancias especiales, su total distorsión fundamenta la aparición de trastornos psicopatológicos muy graves como sucede, por ejemplo, en la anorexia mental (Polaino-Lorente, 1996).

autoestima como realidad versátil

La autoestima, además, es un concepto muy poco estable y excesivamente *versátil* que, lógicamente, va modificándose a lo largo de la vida. Y ello no sólo por las naturales transformaciones que sufre la persona, como consecuencia del devenir vital, sino también por los profundos cambios de ciertas variables culturales (estereotipias, sesgos, atribuciones erróneas, modas, nuevos estilos de vida, etc.) sobre las que es muy difícil ejercer un cierto control y escapar a sus influencias.

La autoestima atraviesa de parte a parte el entramado que configura la trayectoria biográfica de la persona. De aquí, que sea un rasgo, ciertamente vinculado a la personalidad, pero en modo alguno estable, dada su natural dependencia del desarrollo autobiográfico y de la transformación de los factores contextuales.

A este respecto, sería muy conveniente estudiar las modificaciones sufridas por la autoestima en función de la historia biográfica personal, de los aciertos y desaciertos, de los éxitos y fracasos, de las victorias y derrotas, de las acciones dignas e indignas de las personas con que se entreteje eso que constituye la columna vertebral fundante de cada ser humano para la travesía de la vida.

En las líneas que siguen se pasará revista a los *tres ingredientes personales* más importantes que se dan cita en la génesis de la autoestima y a un *cuarto factor social* no menos relevante: los factores cognitivos, emotivos, y comportamentales y la estimación por los otros.

2.2. Autoestima y factores cognitivos. El conocimiento personal, los valores y las distorsiones cognitivas

El primer factor del que depende la autoestima, es lo que piensa la persona acerca de sí misma, sea porque se conozca bien a sí misma o sea porque considere que quienes le conocen piensan bien de ella. En efecto, la autoestima es función del propio conocimiento, de lo que conocemos acerca de nosotros mismos.

autoconocimiento

El mejor o peor modo de conocimiento personal así como el buen o mal uso que de esa información se haga, constituye todavía una asignatura pendiente que, en la práctica, nadie se atreve a enseñar a pesar de su enorme interés y de lo imprescindible que resulta para conducirse mejor a sí mismo en libertad.

Pero la persona nunca acaba de conocerse a sí misma. Antes termina la vida que el conocimiento personal; esto pone de manifiesto la inmensidad de la condición humana y lo limitado de nuestros conocimientos. La persona no puede ni siquiera abarcarse a ella misma en este asunto del conocimiento personal. De ahí que el conocimiento del otro también sea difícil.

A pesar de tanta ignorancia personal, no obstante, las personas suelen amarse a sí mismas ¿Qué es lo que hace que la persona se ame tanto a sí misma? Aquello que una vez conocido o imaginado en ella y por ella, lo juzga como valioso. La *atribución de valor* a las características personales es uno de los factores sobre los que se fundamenta la autoestima.

atribución de valor

Cuando una persona considera que es un buen deportista, su autoestima crece; si tiene la convicción de ser capaz de hacer una excelente comida –bien porque tiene experiencia de ello o bien porque su familia y conocidos la han alabado por este motivo–, su autoestima crece; si ha sido calificada por la gente que le rodea de amable y simpática, su autoestima crece. Y no tanto porque los demás así le hayan calificado, sino porque ella percibe que es amable y simpática, en función de lo que los demás han manifestado acerca de ella.

mapa
cognitivo

Por tanto, he aquí un primer factor del que depende la autoestima: la información de la que cada persona dispone acerca de sí misma en el mapa cognitivo. Basta con que cierre los ojos y se pregunte: "¿quién soy?" o "¿qué representaciones y cogniciones aparecen en mi mente?", para que infiera de sus propias respuestas lo mucho o lo poco que se estima a sí misma. He aquí uno de los ámbitos donde se acuna la autoestima personal.

En las líneas que siguen se tratará de profundizar en los aspectos cognitivos de la autoestima para contribuir a un mejor acercamiento de los lectores al estudio de esta cuestión.

conocimiento
y realidad

Para que la autoestima de una persona esté bien fundada ha de estar basada en la *realidad*, lo que supone la necesidad de apoyarse en un conocimiento *real* de la *realidad* de sí mismo. En ausencia de esto, la autoestima se autoconstituye como un amor irracional, que sería muy difícil de distinguir de los prejuicios, sesgos y estereotipias, y en el que, con facilidad, harían presa las propias pasiones.

Es cierto que toda persona apetece naturalmente saber y, sobre todo, saber acerca de sí. Lo que sucede es que muy pocos están dispuestos a pagar el coste que ese conocimiento conlleva. La inmensa mayoría quisiera conocerse mejor, pero muy pocos, en cambio, están dispuestos a hacer ese esfuerzo.

Sin conocerse es muy difícil que uno pueda amarse a sí mismo –nadie ama lo que no conoce–, por lo que un amor así, en cierto modo sería un amor desnaturalizado, no puesto en razón, estereotipado, erróneo, equívoco y un tanto falaz.

Tal vez a esto se deba la afirmación, tantas veces repetida, de que *el gran negocio del mundo consistiría en vender a las personas por lo que creen que valen y comprarlas por lo que realmente valen*. Esto –de ser cierto– supondría una buena dosis de ignorancia de mucha gente acerca de su propia realidad personal.

Pero, aparte de que las personas no están puestas a la venta –por el momento–, el hecho es que esos errores personales condicionan, en muchas ocasiones, que la gente se estime muy por debajo de lo que realmente vale. Tal afirmación desvela la gran ignorancia que hay acerca de estas cuestiones.

Si relacionamos ese conocimiento personal con *la motivación por saber*, se descubre enseguida una paradoja: que aquello que más parece motivar a las personas es precisamente a lo que menos se entregan. ¿Qué es lo que más nos motiva conocer, entre las muchas cosas que podemos saber? Lo más atractivo para una persona, lo que más le interesa, lo que más suele inquietarle, por lo general, es *un cierto saber acerca de sí*. Esto es lo que parece tener más atractivo para la mayoría de la gente, poco importa su edad o circunstancia.

motivación por saber

Los psiquiatras tenemos una dilatada experiencia en ello. Apenas llegamos a una reunión social y somos presentados como psiquiatras, es frecuente que algunos de los invitados nos acojan –medio en broma, medio en serio–, con éstas u otras palabras parecidas: "Oye, no me irás a psicoanalizar..." Pero a continuación, ya un poco más en serio, el discurso toma otra dirección y enseguida añaden: "Por cierto, tú que pensarías, qué le aconsejarías a una persona que...".

En lo posible, lo mejor es no contestar a estas u otras insinuaciones. En primer lugar, porque no es aquel el contexto pertinente y, en segundo lugar, porque el psiquiatra, en mi opinión, ha de tener también amigos y relacionarse con la gente con toda naturalidad, renunciando al prejuicio o deformación profesional de tratar de etiquetar (erróneamente) a las personas, como si todas ellas estuvieran enfermas.

La primera afirmación con que se acoge al psiquiatra está seguramente motivada por una cierta actitud de defensa de la intimidad ante ese profesional que puede calificarse de *psiquiatrofobia* (relativamente extendida en la sociedad, aunque con tendencia a disminuir).

psiquiatrofobia

La segunda afirmación, a que se ha aludido, hace referencia a una pregunta con la que se nos invita a evaluar a una supuesta persona, que casi siempre suele coincidir con la persona que hace la

psiquiatrofilia

pregunta (actitud, esta última que podría calificarse de *psiquiatro-filia*, de devoción por el psiquiatra, en tanto que profesional que conoce a las personas y puede ayudarles a resolver sus problemas).

En esta segunda pregunta lo que se pone de manifiesto es una cierta curiosidad de la persona porque se califique y tome partido por ella, con tal de que el psiquiatra contribuya a desvelar a esa persona quién es. Es decir, se nos invita a informarle acerca de ella misma, a ayudarle a conocerse mejor y, tal vez, a ofrecerle alguna solución para alguno de esos muchos problemas y preocupaciones que, por otra parte, a nadie le faltan. Sirva esta pequeña anécdota como manifestación del interés que por el conocimiento personal tenemos los humanos.

conocimiento y felicidad

En fin, es lógico que haya *apetencia* en cada persona *por saber quién es*, pues lo que no se conoce no se puede amar. Por otra parte, si no sabemos quiénes y cómo somos, es difícil que podamos conducirnos a donde queremos. Y si no nos conducimos de acuerdo a cómo somos no seremos felices, porque no podremos alcanzar nuestro propio destino. Conviene recordar que el destino de cada persona, lo que cada persona pretende, no es otra cosa que ser feliz. Pero para alcanzar la felicidad hay que conducirse bien; y para conducirse bien, no hay más remedio que conocerse, aunque sólo sea un poco.

conocimiento y conducción de la propia vida

Si no sabemos si somos osados, constantes, alegres, con mucha o poca iniciativa, ¿cómo vamos a dirigir nuestro comportamiento como es debido? Tan peligrosa sería la conducción de una persona que se ignorase a sí misma como la conducción de un vehículo que estuviera trucado y que al girar el volante a la derecha se moviera hacia atrás, que al acelerar frenara, y que al frenar adelantara a otros vehículos. La supervivencia de un conductor que ignorase o que no hubiera sido instruido en las peculiaridades de ese automóvil sería improbable. Y si se empeñase en conducir el vehículo, sin conocer sus características, las horas de su vida estarían contadas. Igual o más grave es que las personas usen mal su libertad

–por no conocer las características singulares de que están adornadas como personas– para dirigir su propio comportamiento.

El *conocimiento personal* constituye, sin duda alguna, el principal factor del que depende la autoestima, por lo que jamás debiera omitirse su estudio. Pero acontece que la inteligencia se ha oscurecido en la actual sociedad y hay una cierta desconfianza acerca de ella. Y esto a pesar de que algunos gusten de calificar la coyuntura actual como la *sociedad del conocimiento*. A pesar de ello o precisamente por ello, no parece que estemos en condiciones de sostener que hoy las personas se conocen a sí mismas mejor que en cualquier otra etapa del pasado.

A esto puede haber contribuido –y no poco– la nueva formulación y uso de la inteligencia, según la clave de la *razón instrumental* o de la *razón efectiva*. Me refiero, claro está, al uso de la inteligencia que sólo se atiene a los resultados pragmáticos y que desconfía de las ideas, de todas las ideas que no hayan sido legitimadas de inmediato por el utilitarismo y la *eficacia*. Si a ello se añade la complejidad que conlleva todo conocimiento personal, se entenderá que este factor no esté suficientemente presente en la elaboración de la autoestima de muchas personas.

inteligencia y resultados pragmáticos

La inteligencia y la afectividad son, qué duda cabe, funciones psíquicas diferentes que pueden distinguirse entre sí, pero que se concitan, necesaria y simultáneamente, en el obrar humano.

inteligencia, voluntad y afectividad

Inteligencia y voluntad pueden disociarse, tal y como lo exige su estudio individualizado, pero no debe olvidarse que tal disociación es en cierto modo un artefacto, el modo de proceder del que se sirva como instrumento nuetra inteligencia, dadas sus limitaciones, porque en la persona humana, donde las dos están ínsitas, ninguna de ellas (en ausencia de la otra) puede organizar y dirigir, con cierta independencia de la otra, la conducta de la persona. Lo que sí cabe es que en ésta o en aquélla acción, la una se subordine a la otra y viceversa.

Por el contrario, hay una opinión, actualmente muy generalizada, que parece sostener que las capacidades cognitivas para obtener éxito han de estar como subordinadas a la emotividad. En definitiva, que lo que importa para alcanzar el éxito es echar mano de ese poderoso y robusto recurso que son los sentimientos.

inteligencia
emocional

La así llamada *inteligencia emocional* (Goleman, 1996; Goleman y Bloomsbury, 1997) expresa bien esta hipótesis y tiene mucho que decir a este respecto, una vez que se le ha atribuido una poderosa eficacia en el conocimiento personal y, sobre todo, empresarial, económico y social.

Ahora bien, de admitirse en la inteligencia una dimensión afectiva, sería preciso admitir también otros componentes de la inteligencia que, asimismo, forman parte de ella y que no son sino otras funciones psíquicas.

¿Es que acaso no puede formularse la inteligencia en términos parecidos respecto de otras funciones psíquicas?, ¿no es posible referirse, por ejemplo, a la *inteligencia mnésica*, a la *inteligencia instintiva*, a la *inteligencia imaginativa*, a la *inteligencia social*, etc., –una vez que se ha aceptado el anterior concepto?, ¿no sucede acaso lo mismo respecto de otras funciones, hasta el punto de que –siguiendo el mismo supuesto y modo de proceder– se pueda hablar de *emoción intelectual, memoria volitiva, instinto inteligente, afectividad mnésica, instinto emocional*, etc.?

mapa cognitivo
de las emociones

Algunos parecen haberse olvidado de que también los sentimientos deben estar naturalmente subordinados a las funciones cognitivas o, por mejor decir, a eso que se ha dado en llamar *el mapa cognitivo de las emociones* (Kumler y Butterfield, 1998; Brown y Broadway, 1981; Marina,1997; Aguiló, 2001). Es decir, que las emociones no son ajenas a los pensamientos; que aquéllas dependen en buena parte de éstos; que también las emociones contribuyen a fecundar el pensamiento; que unas y otros forzosamente han de encontrarse en la unicidad del ser humano singular, único e irrepetible, que es al fin el que quiere, conoce y actúa en consecuencia, de manera que todas sus funciones comparecen integradas en las acciones que realiza.

Es cierto que en el pasado reciente se desconfiaba de todo pensamiento que estuviera subordinado –o así lo pareciese– a la afectividad. De hecho, cualquier pensamiento que fuera así concebido era automáticamente descalificado y etiquetado como *pensamiento visceral*, como mera *irracionalidad*, como algo despreciable por tratarse de un error humano, tal vez demasiado humano. Con esto se descalificaba e impedía cualquier opción y posibilidad a la intuición, como modo de acceso a un cierto conocimiento.

¿Cuál de las dos opciones anteriores es más razonable?, ¿es que acaso la razón puede independizarse totalmente de la afectividad, por ejemplo, en la toma de decisiones o en la intelección de algo?, ¿es que tal vez la persona humana puede actuar de continuo desde un solo ámbito sectorial de su personalidad y no de forma unitaria?, ¿puede la persona enajenarse, en una distante y fría indiferencia, y dejar de experimentar los sentimientos que acerca de sí misma se suscitan en los demás?, ¿dónde acaban las emociones y dónde comienza la racionalidad?

En el fondo de estas cuestiones, una y otra vez vuelve a ponerse sobre el tapete esa cierta contraposición –en parte insoslayable y, en parte, un tanto artificial– entre *cabeza* y *corazón* o, formulado de un modo más tradicional, entre el entendimiento y la voluntad.

disociación
cabeza
y corazón

Recordando a los clásicos, es preciso afirmar, hoy como ayer, que el objeto del entendimiento es la verdad así como el objeto de la voluntad es el bien, todo lo cual concierne también a la autoestima. Pero *bien* y *verdad* son, en cualquier caso, aspectos de una misma y única realidad, como el entendimiento y la voluntad son facultades de una misma persona.

bien y verdad

Por eso, cuando el entendimiento alcanza la verdad, ésta deviene en un cierto bien para la voluntad que, al mismo tiempo, es apetecido por ella. De otra parte, cuando la voluntad se dirige a alcanzar el bien, éste deviene en una cierta verdad para el entendimiento. Se diría que, en este caso, el bien es introducido en el ámbito cognitivo bajo la especie de verdad. De aquí que pueda hablarse respecto de la voluntad, del *bien de la verdad* y, respecto del entendimiento, de la *verdad del bien.*

Ninguno de ellos está por encima del otro, sino que ambos se atraen y se hacen copresentes –casi siempre de forma simultánea– en la raíz del comportamiento humano; aunque, según las personas y las diversas circunstancias, puede haber un relativo predominio del entendimiento sobre la voluntad o de ésta sobre aquél, del querer sobre el conocer y viceversa, o de la verdad sobre el bien. Y esto con independencia de que el entendimiento y la voluntad no se equivoquen cuando el primero se percata de lo que entiende como *verdad* y el segundo de lo que quiere como *bien.*

la tarea de conocerse La profunda tarea de conocerse a sí mismo exige tratar de percibir el propio comportamiento de forma realista; aprender de la propia experiencia almacenada en nuestros recuerdos; asumir ciertos puntos de vista acerca de nosotros, tal y como han sido formulados por las personas que mejor nos conocen y quieren; apelar a lo que los padres y profesores opinaban sobre nosotros; reflexionar sobre los aciertos y desaciertos, alegrías y tristezas, fracasos y éxitos, habilidades y limitaciones, capacidad de generar o resolver problemas, respuestas de egoísmo y altruismo que con mayor frecuencia nos caracterizan, es decir, situarse en una actitud valiente y sencilla desde la que otear en profundidad el entramado configurador de lo que hasta el momento compone la biografía personal que ya ha sido escrita.

Estos datos no son suficientes, pero sí muy necesarios. Es conveniente, además, pasar revista a otras muchas cuestiones, especialmente vinculadas a ciertas funciones psíquicas, como por ejemplo, capacidad de trabajo, apertura hacia los amigos, habilidades sociales, tolerancia a las frustraciones, posibilidades de empatizar o no con personas desconocidas, compañerismo, tendencia a la soledad o a la comunicación, actitudes individualistas o cooperativas, lealtad al sentido de pertenencia, asunción o rechazo de los compromisos previamente adquiridos, idealismo o pesimismo, racionalidad o emotividad, rapidez o lentitud en las reacciones, introversión o extraversión, exigencia o permisividad, facilidad para el rencor o el olvido, constancia o inconstancia, capacidad o no de control, paciencia o impaciencia, etc.

Muchas de estas peculiaridades han de observarse, para conocerlas, a través del análisis minucioso de las acciones que se han emprendido, es decir, del propio comportamiento donde reverberan éstas y otras importantes cualidades.

Por último, es conveniente examinar cuáles son los *valores* que mueven realmente nuestro comportamiento. Es posible que en una primera reflexión apenas emerjan algunos de esos valores; pero en una reflexión más detallada y serena, de seguro que irán compareciendo. En ese caso, hay que tratar de identificar y apresar cuál es su jerarquía y cómo se resuelven los conflictos cuando comparecen enfrentados dos valores que son contradictorios o incompatibles entre sí.

Conviene establecer cuanto antes de qué valores se trata; si de los *intrínsecos*, que afectan al núcleo de la propia personalidad o de los *extrínsecos*, más vinculados al contexto y escenarios sociales en que se realiza la propia vida. Así, por ejemplo, conviene preguntarse: ¿qué es lo que en verdad nos importa más: nuestro propio juicio o la opinión que los demás puedan formarse de nosotros? Muchas personas optan por lo segundo, movidas por *el miedo a qué dirán*, sin apenas reparar en que lo que ellas piensen de sí mismas es lo que les va a acompañar a todas partes; mientras que las opiniones ajenas cambian con el tiempo y, además, casi nunca van con nosotros a ningún lugar.

Precisamente, de los valores por los que se opte surgen muchas veces los criterios normativos que regulan el propio comportamiento, a la vez que se postulan como principios a cuya luz aquél

escala de valores

valores extrínsecos e intrínsecos

mapa cognitivo: convicciones, valores y creencias

será juzgado. Las *convicciones*, los *valores* y las *creencias* configuran, entrelazados entre sí, el mapa cognitivo de referencias que con tanta eficacia sirve al desenvolvimiento personal. Este *mapa cognitivo* no ha caído del cielo, sino que está influido por la educación, el uso que se haga de la libertad y el empeño mayor o menor en formar la propia conciencia que es, al fin, la última y suprema instancia juzgadora de nuestros actos.

modelo de autorrealización personal

El ideal que cada persona concibe respecto de sí misma –el modelo de autorrealización personal por el que parece haberse decidido– tiene muchas afinidades con los valores, creencias y convicciones por que se optó. Por eso, precisamente, una cambio brusco o la fragmentación del *mapa cognitivo* de referencias (muchas de ellas axiológicas) suele dar lugar a *crisis existenciales* muy profundas que, de no resolverse con cierta fortuna y oportunidad, pueden arruinar la trayectoria biográfica y la vida íntima y personal de quienes las sufren.

distorsiones cognitivas y reestructuración cognitiva

Es necesario advertir que también las cogniciones acerca de nosotros mismos no están exentas de errores, sino que suelen encadenarse en ellas aciertos y desaciertos, cuyas diferencias no siempre son fáciles de establecer e identificar. De hecho, muchas de las terapias cognitivas (*reestructuración cognitiva*) que hoy se utilizan, se encaminan a *desmontar* estos *errores y distorsiones cognitivas,* que no sólo suelen enmascarar el propio conocimiento, sino que pueden suscitar auténticos trastornos psicopatológicos de más grave alcance y peor pronóstico.

De lo visto hasta ahora se puede deducir que *la percepción de sí mismo* –por muy objetiva que sea– no asegura un conocimiento certero acerca de quiénes somos. Es necesario, además, que los pensamientos que se articulan a partir de las percepciones no estén por sí mismos distorsionados, sino que logren dar alcance a la verdad.

Esto es lo que no acontece cuando se incurre en generalizaciones sin fundamento; se toma la parte por el todo o viceversa; se focaliza la atención en sólo los aspectos negativos y se deja fuera la consideración de los positivos; se anticipa lo peor o se futuriza lo negativo desde un presente que en absoluto permite tales proyecciones o inferencias; se recubre de un halo de *deber* lo que apenas si es algo más que una mera posibilidad entre otras muchas; se tergiversan las interpretaciones acerca del valor de cada evento, magnificándolos o minimizándolos, respectivamente, en lo que tienen de negativo o positivo; se adscriben *etiquetas*, sin fundamento e inmodificables, a personas como si se tratara de juicios y convicciones inapelables; se implica el *yo (egoimplicación)* en lo que los demás realizan o dejan de hacer, personalizando las acciones de los otros y sus consecuencias; se cosifican los afectos como si fueran realidades objetivas; etc.

En realidad, las anteriores cogniciones son erróneas, porque están distorsionadas (es lo que hoy se conoce con el término de *distorsiones cognitivas*), aunque si se profundiza en el análisis acerca de cómo éstas se articulan con ciertas percepciones, puede encontrarse entre ellas, con relativa frecuencia, un cierto nexo vincular. Sin embargo, el nexo percepción-cognición no es diáfano ni riguroso, es decir, no autoriza ni fundamenta tales inferencias; de donde se demuestra que las percepciones no son las cogniciones. Aunque, en cierto modo, éstas dependan parcialmente de aquéllas, las cogniciones están animadas, no obstante, de otros grados de libertad que son justamente los que les permiten llegar a conclusiones erróneas y aun contrarias a los contenidos perceptivos. Algo, pues, tienen –o añaden– las cogniciones que no es educido ni provisto por las percepciones. Este *plus cognitivo* distorsiona la realidad en general, alcanzada por vía perceptiva, y también la realidad del sujeto que conoce –o cree conocer–, que por esa misma razón acaba por percibirse y autoestimarse de forma equívoca.

Es lógico que suceda de esta forma, ya que el juez queda juzgado en la cosa por él juzgada. Si el juez juzga injustamente un suceso o evento, la cosa juzgada injustamente por él es precisamente la que hace de él un juez injusto. Quien desestima a los demás muy probablemente se tenga a sí mismo en muy poca autoestima. Aunque esto no siempre sucede así. Pues hay muchos casos en que la persona hipercrítica respecto de los comportamientos ajenos es luego demasiado comprensiva, misericordiosa y piadosa cuando ha de juzgarse a sí misma. Por el contrario, es mucho más frecuente que quienes juzgan en positivo a los demás, también a sí mismos se juzguen positivamente, a pesar de lo cual también cabe aquí encontrar ciertas excepciones.

complejidad de la percepción y repercusión en la autoestima

Como puede observarse no es fácil juzgar, sea a los demás o sea a sí mismo. En este asunto toda prudencia es poca y cualquier información disponible, por abundante que sea, siempre resultará escasa y menesterosa. Acaso por ello mismo la autoestima que de este proceso juzgador resulta, en cierto sentido no admite predicción alguna.

Este proceso es mucho más complejo que lo que aquí apenas se ha esbozado. En cierto modo, la estimación que las personas se manifiestan entre sí, son también objeto de interpretaciones, cuyas últimas consecuencias en modo alguno son previsibles. En este sentido, puede afirmarse que la autoestima media las relaciones humanas, facilitándolas en unos casos y obstruyéndolas en otros. Lo mismo sucede respecto de la acogida de esas manifestaciones. Esto significa que tanto las manifestaciones más o menos espontáneas de afecto como su acogida, más o menos natural, pueden estar entreveradas con aspectos cognitivos que son, al fin, los que tal vez modifiquen su significación última.

ejemplos

Pondré un ejemplo de lo que se acaba de afirmar. Supongamos que una persona dispone de una alta autoestima. En consecuencia con ella configurará unas ciertas expectativas respecto de las manifestaciones de afecto (estimación) de que será objeto por parte de los demás. Cuanto más alta sea su autoestima tanta mayores serán sus expectativas. De aquí que si considera que lo que los otros le manifiestan es insuficiente, no se sentirá aceptada o percibirá el zarpazo –injustificado– del agravio comparativo que se le hace respecto de las expresiones de afecto que las otras personas –con las que se compara– reciben. Si esto sucede, es harto probable que acoja muy mal –o que incluso rechace– las expresiones de afecto que se le dedican.

Supongamos el caso contrario: el de una persona con muy bajo nivel de autoestima. Una persona así considerará inmerecidas las manifestaciones de estima que se le prodigan y de las que en absoluto se siente merecedora. De aquí que su *acogida* vaya marcada por síntomas de sufrimiento que le hunden todavía más en su sincera pero errónea poquedad. En esta situación es fácil que se apele a otros recursos como esas numerosas *segundas intenciones* que erróneamente se atribuyen a los comportamientos ajenos.

Las susceptibilidades, sospechas, insinceridades y burlas atribuidas a lo que supuestamente esas personas piensan, pueden hacerle suponer que en los otros esas manifestaciones configuran una red en la que la persona ensalzada está prisionera. Y, en consecuencia, no puede darse la natural acogida de esas expresiones de afecto en su destinatario. Es posible que incluso responda con la ironía que emana de un temple huraño y desconsiderado. El talante afectivo, condicionado por esas cogniciones, es en última instancia el responsable de esa pésima acogida, que puede derivar en conflicto.

En los dos anteriores ejemplos las percepciones de que se parte son verdaderas, pero no así el modo en que éstas son interpretadas, es decir, lo que significan. En los dos ejemplos hubo, qué duda cabe, una manifestación de afecto y, a lo que parece, sus respectivas acogidas se asemejaron mucho. Pero de aquí no se puede inferir que fuera idéntico el proceso cognitivo seguido por ambas personas.

Precisamente por eso, tratar de obtener consecuencias a través de sólo la observación del comportamiento constituye un proceso cognitivo excesivamente arriesgado. También es arriesgado –y no sé a ciencia cierta si en el mismo grado o no– valerse únicamente

atribuciones del terapeuta

de la interpretación. Entre otras cosas, porque el interpretador también tiene sus sesgos y tampoco está libre de errores.

Por consiguiente, también el terapeuta puede realizar ciertas apreciaciones acerca de las atribuciones de sus pacientes –con independencia de que estas últimas estén mejor o peor fundamentadas en percepciones objetivas–, lo que complica todavía más la obtención de conclusiones bien fundadas.

De una parte, el mismo terapeuta dispone también de un nivel de autoestima que tal vez nadie ha explorado y del cual es posible que ni siquiera él mismo sea consciente. De otra, la percepción del cliente por parte del terapeuta también tiene sus sesgos, en función del modelo antropológico de que parte, de su personal historia biográfica, de su propia experiencia, de los resultados terapéuticos obtenidos en otros clientes parecidos, etc. Por último, el terapeuta tampoco está completamente libre de sus personales *errores* y *distorsiones cognitivas* que, sin duda alguna, también pueden influir en las inferencias a las que llegue en la consideración y tratamiento de su cliente.

Una atribución acerca de otra atribución es cuando menos una atribución elevada a nivel exponencial, para cuya verificación casi nunca se dispone del necesario marco de referencias que precise o demuestre la necesaria objetividad buscada. He aquí una de las mayores dificultades halladas en torno a los factores cognitivos en el estudio de la evaluación clínica y tratamiento de la autoestima.

2.3. Autoestima y factores emotivos

juicios y
sentimientos

En función de lo que se piensa, así se siente. Si el juicio que una persona tiene acerca de ella misma es positivo, lo lógico es que experimente también sentimientos positivos acerca de sí misma. El modo como expresa esos sentimientos reobra también sobre su autoestima. En cierto modo, la autoestima condiciona la expresión de las emociones, pero a su vez la expresión de las emociones reafirma, consolida o niega la autoestima de la que se parte.

Hay personas que cuando comienzan a emocionarse lo advierten enseguida a través de los gestos del rostro que no pueden controlar (como, por ejemplo, el hecho de que el mentón se les arrugue o que sus ojos se humedezcan y brillen de un modo especial, que ellas conocen muy bien) y, en consecuencia, se emocionan todavía más. La acción –en este caso la misma expresión de la emoción–, reobra sobre el sentimiento ¿o estrictamente sobre su manifestación? y lo agiganta. Al mismo tiempo esos gestos le informan y certifican que aquellas cogniciones le afectan e interesan, incluso más de lo que en un principio habían pensado o supuesto.

Esto quiere decir, que las personas se autoestiman también más en función de que manifiesten mejor sus emociones. La expresión de los propios sentimientos es algo muy vinculado a la autoestima, especialmente entre las personas más jóvenes. En esto es mucho lo que queda por hacer en nuestro país, donde tantos adolescentes por miedo a *hacer el ridículo* no pueden, no saben o no quieren manifestar sus sentimientos en público. Como es lógico, sentimiento que no se manifiesta, sentimiento que no puede ser compartido por quienes le rodean. Razón por la cual el encuentro, la comunicación y la misma comprensión humana resultan gravemente afectados y con cierta capacidad para generar numerosos conflictos.

autoestima y manifestación de emociones

Desde que Charles Darwin (1872) describió en un trabajo "La expresión de emociones en los hombres y en los animales", sabemos que las emociones –también en los animales– se expresan a través de los gestos. El motivo que al parecer le condujo a este estudio fue las similitudes observadas entre los mensajes no verbales de personas de muy diversas culturas y, lo que es todavía más sorprendente, entre las expresiones humanas y las de otros animales no racionales, particularmente los primates.

lenguaje gestual y comunicación no verbal

Esta observación le hizo pensar en alguna base genética común a todos los seres vivos, incluidas las personas, por lo que respecta a la expresión de los sentimientos. Tal vez por ello concibió la suposición de que se habían formado bajo idénticas presiones evolutivas que los rasgos físicos.

Tuvieron que transcurrir casi cien años hasta que otros investigadores estudiaran el tema con la necesaria profundidad. Ekman y sus colaboradores (Ekman, 1973; Ekman y Friesen, 1975; Ekman, Friesen y Ellsworth, 1972) comprobaron que algunas *expresiones faciales* de la emoción son universales, es decir, que afectan a todas las personas de la especie humana.

Sin embargo, es muy probable que las similitudes entre la especie humana y los primates se deba a la parcial y relativa semejanza de su estructura y morfología facial (huesos y músculos). Ekman (1973), no obstante, sostuvo que tales similitudes y analogías no eran indicadores de un mismo contenido significativo en lo que se refiere a la expresión de emociones en el hombre y en los primates.

coordinación de la comunicación verbal y no verbal

En la mayoría de nuestros encuentros diarios utilizamos mensajes verbales y no verbales, simultáneamente, e incluso para muy diversos propósitos. No obstante, estas dos modalidades de comunicación están usualmente coordinadas y se apoyan una a otra, lo que corrobora el hecho de que los gestos enfatizan, completan y añaden cierta información expresada mediante el lenguaje.

Los *mensajes no verbales* no son meras o simples alternativas al uso del lenguaje. La comunicación no verbal tiene características y peculiaridades que la diferencian del lenguaje verbal, como sistema de comunicación.

En la actualidad sabemos que la reacción a los *mensajes no verbales* suele ser mucho más rápida, automática e inmediata que respecto de los mensajes verbales. En la comunicación gestual casi no necesitamos analizar conscientemente lo que esos mensajes significan. Por el contrario, los mensajes verbales exigen, normalmente, una secuencia de codificación y descodificación de la información más concienzuda y detallada, ya que cuesta más tiempo entender, interpretar y preparar una oportuna y pertinente contestación a una sentencia verbal cualquiera. De aquí, que hoy se sostenga que los mensajes no verbales están mucho menos sujetos a la interpretación y autorregulación consciente que los mensajes verbales.

Las señales y signos gestuales nos informan de aspectos que son tal vez difíciles de comunicar de forma verbal, como ciertas actitudes, emociones y sentimientos. Además, pueden informarnos acerca de cuándo una persona dice la verdad y cuándo está mintiendo. En este sentido, los experimentos más sorprendentes los realizaron Ekman y Friesen (1974), quienes pudieron demostrar que los mensajes del cuerpo son mucho más eficaces para desvelar el verdadero sentido de lo que dice el paciente (García Villamisar y Polaino-Lorente, 2000).

De otra parte, la comunicación verbal y la no verbal difieren en cuanto a los contenidos comunicados, ya que los mensajes gestuales tienden a ser mucho más eficientes en la transmisión de actitudes y emociones que los verbales. A esta conclusión llegaron Argyle, Salter, Nicholson, Williams y Burgess (1970) y Argyle, Alkema y Gilmour (1971). Esto tal vez pueda parecer sorprendente, ya que de ordinario se supone que la comunicación gestual sólo acompaña y, si acaso, completa la comunicación verbal.

Al filo de esta idea se estudiaron las restricciones culturales respecto de lo que puede ser o no comunicado, mediante el lenguaje. En la mayoría de los países de la cultura occidental, no se acepta la expresión verbal directa de actitudes y emociones interpersonales. Esta negación obliga a comunicar tales contenidos mediante señales no verbales, que no pocas veces contradicen el contenido del mensaje de lo que se dice de palabra.

el factor cultural

Darwin explicó este fenómeno en términos evolutivos: el sistema de señales no verbal es mucho más primitivo que el verbal y, por consiguiente, está más adaptado a la comunicación de mensajes básicos de tipo emocional.

En síntesis, podemos decir que los mensajes no verbales se emiten y reciben mucho más rápidamente, no están bajo control consciente, y son más poderosos y eficaces que la comunicación verbal a la hora de hacer partícipes a otras personas de ciertas actitudes y emociones.

especialización
selectiva de
canales de
comunicación

De este modo se establece una relativa especialización selectiva respecto de los canales de comunicación que empleamos. Para referirnos a cosas externas o ajenas a nosotros mismos, para solucionar problemas, etc., utilizamos por lo general el lenguaje verbal. En cambio, para comunicar contenidos de la vida social y personal como valores, actitudes y reacciones que atañen a la propia intimidad, utilizamos el canal que es pertinente en la comunicación gestual. De aquí que los mensajes gestuales jueguen un papel imprescindible en la comunicación con otras personas, en lo relativo a los estados emocionales y a la propia intimidad.

lenguaje
humano

En cualquier caso, una de las características que diferencian al hombre de las otras especies animales es el disponer de un lenguaje que resulta fácilmente manejable y muy apropiado para la comunicación.

El uso del lenguaje se da siempre, de una u otra forma, en las interacciones de unas personas con otras. Ningún otro sistema de comunicación –incluso el utilizado por las especies animales más próximas al hombre– está adornado con la complejidad y la sutileza del lenguaje humano.

Sin embargo, si comparamos el lenguaje humano en tanto que sistema de comunicación, con cualquier otro sistema empleado por el hombre u otros animales, observamos que comparten algunas de sus características. Es decir, que algunos de los rasgos del lenguaje humano –aunque no todos, ni los más específicos– pueden encontrarse también en otros sistemas de comunicación animal o humana.

sentimientos
humanos básicos

Se han descrito, además, cuatro sentimientos humanos que son básicos y que comparecen muy pronto en la vida infantil: el miedo, la ira, la tristeza y la alegría. Estos *cuatro sentimientos básicos* se asoman al rostro del niño de forma natural y espontánea, sin necesidad de que el niño realice ningún aprendizaje especial. Por eso se dice de ellos que son innatos (Polaino-Lorente y Martínez Cano,

1999). Manifestamos a los demás nuestros sentimientos a través de los gestos. A lo que parece, ese lenguaje gestual, no verbal, tiene validez universal. De hecho, se ha comprobado que cualquier persona de cualquier tribu o cultura es capaz de identificar un rostro alegre como alegre.

El lenguaje gestual es tan primitivo como necesario. Pero los gestos son más equívocos que las palabras, siempre y cuando la palabra sea verdadera. Pues si se manipula la palabra, entonces ésta se torna mucho más equívoca que cualquier gesto. Las emociones se expresan, fundamental aunque no únicamente, a través de la comunicación no verbal o gestual. Acaso por eso, la comunicación gestual y la expresión de emociones que traslada al otro interlocutor e incluso a sí mismo ciertos sentimientos tengan tanta importancia respecto de la autoestima personal.

equivocidad de la comunicación no verbal

Cogniciones, afectos y lenguaje no verbal están unidos y forman un continuo que es difícil de fraccionar. Por eso cuando pensamos en una situación en la que estamos absolutamente enfadados con otra persona, surge el sentimiento y la manifestación gestual en el rostro que se corresponde exactamente con esa emoción.

Esa facción expresiva de nuestro estado emocional, reobra sobre la emoción que sentimos y sobre la cognición que pensamos y sostiene todavía más la convicción y el valor que para la persona tiene esa emoción.

El concepto de autoestima, tal y como hemos observado, se ha generalizado entre los hablantes con algunas peculiaridades que, sin duda alguna, parecen caracterizarle, pero que al mismo tiempo pueden confundir y desorientar. En primer lugar, el hecho de haber sido definido este concepto en clave principalmente *afectiva* y, en segundo lugar, la atmósfera *utilitarista y pragmática* que le envuelve, en lo que se muestra deudor de la definición introducida por James.

confusiones en el concepto de autoestima que se ha divulgado

Estas peculiaridades se ensamblan bien con algunos de los rasgos distintivos de la cultura actual. Pero también puede haber ocurrido que lo que caracteriza a nuestra cultura ha sido lo que ha permitido alumbrar este concepto de autoestima, con las características que hoy la singularizan y que ya conocemos.

En cualquier caso, asistimos a una paradoja consistente en que se han desatendido y excluido los aspectos cognitivos que forzosamente debieran comparecer en la hechura misma de este concepto y su más precisa significación.

emotivismo cultural

No puede dudarse que la afectividad y el emotivismo están en alza en la sociedad actual. Muchos indicadores lo atestiguan de forma evidente. Repárese, por ejemplo, en las tiradas de las *revistas del corazón* o en las audiencias de los seriales televisivos que se ofrecen a diario a los espectadores.

Se diría, con cierta razón, que nuestra cultura tiene un acento especialmente timocentrista (el dar mayor relevancia a los sentimientos que a las ideas), que el corazón *vende* y sigue ocupando un puesto privilegiado en lo que interesa y motiva a las personas. El *pathos* (las pasiones tal y como se entendieron en la cultura griega, en la Edad Media y en la tradición multisecular, desde las que nos han llegado) continúa vivo y se refugia y pervive hoy en las desgracias y éxitos de los famosos, en las bodas reales, en las muertes de los artistas, en los accidentes y calamidades que nos afligen.

Ante estos acontecimientos hay muchos espectadores que se conmueven y transviven, identificándose con los protagonistas, para al fin romper en la espontaneidad del llanto silencioso, como si fueran ellos a los que esos infortunios le hubiesen ocurrido. Hay, pues, sintonía, *química, correa de trasmisión* entre lo sucedido a algunos y lo *revivido* por otros.

Esto manifiesta que *la empatía* está presente, *que los afectos de los otros nos afectan* y lo hacen, según parece, de forma muy eficaz. Nada de particular tiene que en este contexto la autoestima –el afecto de los afectos– haya sido descrita en forma emotiva.

autoestima y sentimiento

En el fondo, se podría sostener que la autoestima es el sentimiento que cada uno tiene de sí mismo, *el sentimiento del yo acer-*

ca del yo. Un sentimiento de esta naturaleza es necesariamente complejo. Aquí coinciden y se superponen el *yo-sujeto* que siente con el *yo-objeto* sobre el cual se siente. En esta experiencia mediada por el *yo* tal vez haya por medio demasiado *yo* y muy escaso conocimiento de sí mismo, por ejemplo, a través de todo lo demás: las personas que nos rodean y las experiencias de la propia vida.

El amor a sí mismo es harto complejo por otra razón. El *yo* para amarse a sí mismo precisa de una cierta flexión, de un volver sobre sí mismo –con tal de no curvarse demasiado sobre sí– y abierto a la posibilidad de retomar la información que acerca de su persona le llega a través de los demás.

El amor a cualquier otra persona, en cambio, exige menos de esa reflexión y más de la salida de uno mismo. En este sentido, cabe afirmar que *el amor a otra persona* es más espontáneo y naturalizado –menos tortuoso y sofisticado, también–, porque el otro no es el *yo*, porque el otro nos atrae naturalmente y, en cierto modo, hace que la persona salga de sí, se ponga en camino hacia el otro, se encuentre con la persona a la que ama y por la que se siente atraída, en suma, hace que se extrañe a sí mismo, desvanezca la atención centrada en el propio *yo*, y pierda el cuidado de sí.

el amor a otro

En cambio, *el amor por el propio yo* exige algo mucho más extraño: *un salir sin salir de sí mismo.* Ningún *yo* se ve atraído por sí mismo, simultáneamente que deja de ser *yo*. De aquí que al mismo tiempo que se ama –y por eso, tal vez haya tenido la oportunidad de salir de sí–, forzosamente tenga que volver hacia sí. Esta *continua ida y regreso del yo al yo*, con que se teje el amor propio, tiene algo de ficticia y un no sé qué de opacidad y simulación, lo que parece exigir un diseño más complicado sobre el que el *yo* hincará al fin sus raíces.

el amor propio

En cierto modo el amor por otra persona es siempre un amor *abismado* mientras que el amor por sí mismo es un amor *ensi-*

mismado y, por eso, más pobre, más hermético, más replegado sobre sí mismo. En definitiva, que el amor propio se manifiesta como un *amor de sí y para sí*.

Pero, ¿puede reducirse la autoestima a sólo los sentimientos que caracterizan al amor propio?, ¿no se trata más bien, en el caso de la autoestima, de un cierto conocimiento de sí mismo, aunque no esté independizado por completo de esa pesada carga afectiva? Y de ser así, ¿puede concebirse su explicación sin hacer comparecer la dimensión cognitiva, que de forma inevitable es uno, si es que no el principal y más completo de sus ingredientes? En todo caso, la experiencia afectiva de la autoestima parece estar entreverada, de modo insoslayable, por cierta percepción del *yo* acerca del *yo* (dimensión cognitiva).

reducción de la realidad a realidad sentida

Reducir la realidad al hecho de sentirla nunca fue un principio que aconsejara el rigor del conocimiento científico. No tienen demasiado sentido, por eso, ciertas proposiciones que la gente joven gusta de repetir en coro, al estilo de la que sigue: "Se siente, se siente, Fulanito está presente". Del hecho de que una persona sea sentida –o mejor, presentida o recordada, vía afectiva–, en modo alguno cabe inferir algo, con cierto rigor, acerca de su presencia física.

sobrestimación del corazón

La *mística* que se funda en los sentimientos es muy poco *ascética*, pero sobre todo muy poco realista. Los sentimientos acerca del ser –los sentimientos acerca de la ontología– ni fundan ni contribuyen a desarrollar una ontología sobre los sentimientos. La sobrestimación del *corazón* por encima de la *cabeza* –o en contraposición a ella– no es garantía de una mejor o mayor apropiación de sí mismo, sino más bien –como señala la experiencia– de lo contrario.

No es intención del autor de estas líneas contraponer frontalmente afectividad y cognición, emociones y pensamientos, voluntad e inteligencia, sentimientos acerca del *yo* y autoconcepto, a pesar de que unas y otras dimensiones del ser humano se den cita en el ámbito de la autoestima. No es pues la lucha entre el timo-centrismo (antintelectualista) y el emotivismo (irracional) lo que aquí se concita en relación con la autoestima. Aunque ya se ve que algún día habrá que asumir el reto planteado por la fragmenta-ción de la persona, a causa de estas contraposiciones, más o menos forzadas.

2.4. Autoestima y comportamiento

La autoestima depende no sólo de los gestos, sino de lo que cada persona hace especialmente con su vida. Porque el hacer humano hace a la persona (agente) que lo hace; el hacer humano supone un cierto quehacer de la persona humana; el hacer huma-no obra sobre quien así se comporta, modificándolo y avaloran-dolo o minusvalorándolo. *Ninguna acción deja indiferente a quien la realiza* y, por consiguiente, modifica también el modo en que se estima.

incidencias de la acción humana

La afirmación pragmática *la persona es lo que la persona hace* nunca me pareció suficientemente rigurosa y exacta, a pesar de que tenga por fundamento una cierta verdad. En esta perspectiva, la autoestima también depende de *lo que la persona hace*, espe-cialmente con aquello que, hecho por ella, tiene una mayor inci-dencia en el hacerse a sí misma.

En realidad, sólo podría admitirse la anterior propuesta si se ampliara el segundo término de esa afirmación, pues la persona –y su autoestima– no puede reducirse a sólo lo que hace, a su mero hacer. A fin de completar ese enunciado habría que añadir otras funciones humanas como, por ejemplo, lo que la persona piensa, lo que siente, lo que vive, lo que proyecta, etc. No obs-tante, si se toma como el *todo* humano a cada una de esas *partes*, de seguro que se incurrirá en otros reduccionismos como, por ejemplo, el intelectualismo, el emotivismo, etc.

Nunca las partes, ni aisladamente consideradas, ni tomadas conjuntamente, pueden sustituir al todo; incluso en el caso particular de la autoestima al que aquí se hace referencia, a no ser a costa de hacer un flaco servicio a la persona.

ser y obrar

No obstante, una cierta porción de verdad late en la aludida proposición. En efecto, la acción sigue siempre a la persona, como el actuar sigue al ser (*operatur sequitur esse*). De tal ser, tal obrar. Primero, el ser; después, el obrar.

Sin embargo, el contenido de la última proposición citada exige ser completado. Es cierto que el obrar sigue al ser; pero ese obrar no se pierde en el vacío, sino que producido por y derivado de ese ser en concreto, impacta y reobra luego sobre el propio agente en quien se originó esa acción y por quien fue llevada a término. Por consiguiente, *de tal acción tal agente y tal autoestima*.

Esto quiere decir que aunque el obrar siga al ser, un cierto obrar reobra sobre el ser; así mismo, la acción realizada por la persona reobra sobre quien la realizó, modificándola y contribuyendo a configurarla de una determinada manera a todo lo largo de su devenir psicohistórico y biográfico. En definitiva, que no hay ninguna acción realizada por el hombre que resulte indiferente para el hombre que la realiza y, a través de él, para su estima personal (Polaino-Lorente, 1996 y 2002).

actividad humana como expresión del ser

Cualquier actividad humana manifiesta y expresa a la persona que la realiza (consecuencias *ad extra* de esa misma acción), pero al mismo tiempo modifica y configura al agente que la realizó (consecuencias *ad intra*). Es preciso admitir una cierta bidireccionalidad entre el agente y la acción, a pesar de que la filosofía clásica haya silenciado durante tanto tiempo el camino de regreso desde la acción al agente, eludiendo en parte el estudio del efecto de aquella sobre éste.

Citaré un ejemplo clásico que me parece aquí muy pertinente. Se ha afirmado –en mi opinión, con toda razón–, que no es que una persona sea buena y por eso realice buenas acciones, sino que las buenas acciones realizadas por una persona son las que hacen de ella que sea una persona buena. Por el contrario, si una persona buena (adjetivación teórica que suele atribuirse *a priori* a ciertas personas) no realizase ninguna buena acción, sino acciones indiferentes o incluso malas, ¿cuál sería la legitimidad para predicar de ella que es una persona buena? En cambio, si esa misma persona –con independencia de que no se le atribuya ninguna adjetivación *a priori*– realizase buenas acciones, ¿sería legítimo o no que dijésemos de ella que es una persona buena?

La bondad de lo hecho, lo que califica la acción así realizada ha de calificar también –con mayor fundamento y en idéntico sentido– a la persona que lo hizo. Pues fue la persona que lo hizo la que añadió –mediante su acción– un nuevo valor a la cosa sobre la que ella intervino.

La acción estimable realizada por una persona hace más estimable al agente que la realizó. De aquí que si lo hecho por una persona comporta un *valor añadido* a su propio ser, es lógico que esa persona *se estime un poco más o mejor* a sí misma. *La acción añade valor al agente* que así se comporta y a la *estima* que en ese valor se fundamenta.

Hay dos corolarios del principio de causalidad que fundamentan lo que se acaba de afirmar. El primero, que la causa es mayor y anterior al efecto por ella producido. Y el segundo, que en el efecto reverbera la naturaleza de la causa que lo causó. De aquí que la bondad de la acción que se manifiesta en el efecto derive y sea como una prolongación de la bondad del agente que así actuó.

Ciertamente que estas acciones constituyen el eje singular del comportamiento de las personas. En este punto, es necesario recuperar el concepto aristotélico de *hábito*. La persona buena es aquella que comunica su bondad –a través de las acciones buenas realizadas por ella– a las cosas sobre las que actúa.

Ese estilo personal que –con cierta estabilidad y consistencia– singulariza a la persona buena en la realización de cuanto hace constituye, precisamente, su modo peculiar y personal de comportarse y, naturalmente, el modo en que *se percibe y estima*.

hábito

En esto reside esa especie de *segunda naturaleza* o *hábito* que permite calificarla, con toda justicia, como persona estimable y buena. Al menos en lo que se refiere a las acciones y comportamientos relativos a *la bondad adicional* que las cosas adquieren, como consecuencia de su modo de comportarse (Polaino-Lorente, 1996).

En este punto, como se habrá observado, hay una cierta coincidencia con el pragmatismo al que anteriormente se aludió. Pero hay también un hecho diferencial respecto de aquél. Aquí el éxito logrado se centra de modo especial en la *adquisición de valores* por parte de la persona, es decir, en lo que se ha mencionado como *valores intrínsecos*, que muy poco tienen que ver con los *valores extrínsecos* de la definición de autoestima (éxito, popularidad, etc.).

A lo que se aprecia, autoestima y comportamiento se necesitan y actúan recíprocamente el uno en el otro. Si aquella es confusa, éste apenas se abrirá paso y no podrá realizarse, a no ser con muchas dificultades. Si la persona no sabe a qué atenerse en su comportamiento –si se extingue ese hecho diferencial que desde siempre distinguió a las personas estimables de las apenas estimables, si ahora resulta indiferente cualquier modo de comportarse–, entonces, el mismo concepto de autoestima se diluye y, no significando ya nada, pudiera continuar empleándose como apenas una sombra vacía de sentido.

autoestima y comportamiento

Por consiguiente, la autoestima depende no sólo de las cogniciones y emociones, sino también de las acciones que realiza la persona, es decir, de su comportamiento. Hay, no obstante, una cierta dificultad. La autoestima supone, obviamente, un cierto amor hacia sí mismo. De las definiciones que se han ofrecido acerca de lo que sea el amor, hay una que a quien esto escribe le parece especialmente puesta en razón. "Amar a una persona –dice– es autoexpropiarse en favor de otro". Es decir, uno tiene la propiedad de su propio ser y cuando ama a otra persona y se da a ella, lo que en verdad realiza es como si fuera al registro civil y declarase lo que sigue: "Mire usted, este señor que soy yo, ya va a dejar de ser propietario de sí mismo y va usted a escriturar y registrar esta propiedad a nombre de esta persona", justamente aquella a la que ama.

Pero ¿cómo se puede llevar al cabo esto mismo en el caso de la autoestima?, ¿cómo el *yo* puede autoexpropiarse en favor de otro *yo*, que resulta ser él mismo? Esto no se entiende, porque una persona no puede autoexpropiarse y a la vez aceptar a la misma e idéntica persona, es decir, a sí mismo. Aquí subyace un cierto misterio, que es muy difícil de desvelar y para el que no hay una respuesta satisfactoria.

No obstante, lo ideal es que las tres vías –la vía perceptiva, inmediata y emotiva; la vía reflexiva y cognitiva; y la vía pragmática de la acción y el comportamiento– estén bien articuladas en el caso de la autoestima.

articulación de las tres vías

Las emociones respecto de uno mismo han de ensamblarse con las propias cogniciones, de manera que ambas coincidan en el ámbito del comportamiento que ellas sostienen. La autoestima, en esta perspectiva, procede del ensamblaje de los tres factores a los que antes se ha aludido.

Pero, en general, no es esto lo que hoy se entiende por autoestima. Lo que en la actualidad parece hacer crecer más a la autoestima es sólo la fantasía, *la representación mental icónica*. Lo importante para crecer en autoestima es adoptar un papel –o autorepresentarse una imagen– que sea socialmente relevante. Esto es lo que parece que tira hacia arriba del *listón* de la autoestima. En ciertos casos puede incluso llegar a ser beneficioso tal modo de proceder. Pero en otras circunstancias esto puede comportar ciertos peligros.

papel social relevante

Ciertas personas gustan hoy de cerrar los ojos y oír alguna pieza de música, especialmente difícil de interpretar, al tiempo que se imaginan a ellas mismas dirigiendo la orquesta de Berlín. Luego, paladean la salva de aplausos del gran público que se suceden, inagotables en el tiempo, y que imaginan se dirigen hacia sus propias personas.

Tal experiencia puede que no sea nefasta, pero entraña ciertos riesgos, algunos de los cuales pudieran ser patológicos. Desde luego que al someterse a esa experiencia –si fuese real– habría de subir mucho la autoestima. Pero el hecho de que no sea real, sino mera ficción, puede causar a quienes gustan de ello una buena dosis de frustración para la que tal vez no están preparados y no podrán aceptarla. En otros casos, experiencias como la referida pueden contribuir al desarrollo histriónico de la personalidad, confundiendo todavía más al *actor* que se entrega a este programa de dudoso gusto.

programa de realización de valores

Más conveniente que la experiencia anterior resulta establecer un auténtico programa acerca de los valores que son convenientes realizar en sí mismo para estimarse mejor. Basta con que se responda a cuestiones como las siguientes: ¿A qué modelo ético quiero yo jugarme la vida?, ¿quién quiero ser dentro de diez años? Una vez formuladas, es preciso responder a ellas. Para conseguir lo que quiere llegar a ser y valer en el plazo de diez años ha de comenzar ya a realizar el programa que ha establecido.

¿Qué es lo que hoy he de hacer para conseguir lo que me he propuesto alcanzar en diez años? Eso es, en definitiva, lo que hará de esa persona que sea valiosa o no. Pero antes hay que seguir cuestionándose cosas y respondiendo a ellas. ¿Por qué pienso que lo que me hará a mí ser más valioso es exactamente lo que va a hacer crecer mi autoestima?, ¿por qué me importa tanto adquirir esos valores y no otros?, ¿vale la pena realizar tantos esfuerzos para ello o, por el contrario, lo que realmente deseo es tener mucha autoestima pero sin crecer en ningún valor, sin realizar ningún esfuerzo? ¿Es eso posible hoy?

autoestima y verdad

Los buenos sentimientos son, desde luego, necesarios, pero no son suficientes. Es preciso que estén bien fundados, que sean reales, que se asienten en la verdad. *La autoestima ha de estar fundada en la verdad*, de lo contrario puede generar consecuencias patológicas. Algunos programas de educación actuales han causado a los alumnos más dificultades que beneficios, precisamente por estimular excesivamente la autoestima, sin fundamento alguno en la realidad.

No es conveniente que los profesores alaben a sus alumnos en algunas de las características de que adolecen o en algunos de los resultados académicos que no obtienen. No basta con afirmar que un alumno es muy inteligente, simpático y deportista y que todo lo hace bien, para que aumente su autoestima, especialmente si nada de esto es completamente cierto. Antes o después, tendrá que conducir él mismo su vida en la compleja y multicultural sociedad en que vivimos.

autoestima, adecuación a la realidad y educación

Si aquellas alabanzas, por irreales, estaban mal fundadas, de nada le habrán servido. Incluso es probable –sobre todo si no son verdaderas–, que contribuyan a aumentar su frustración y agresividad, por cuanto que en el lugar de trabajo le dirán lo contrario.

Una persona que ha sido así deformada no dispondrá de la necesaria capacidad para tolerar la verdad que otros le manifiesten. Es lógico que se comporte de forma agresiva, porque no dispone del *entrenamiento inmunológico* para enfrentarse a la realidad, entrenamiento al que, por otra parte, tenía derecho. La conclusión que de aquí se obtiene es que *la autoestima tiene que estar fundamentada en la verdad*. De no ser así, es probable que haga mucho daño.

Está de moda entre la gente joven quejarse de que no se les estima como debiera, de que no se les refuerza en las cosas positivas que tienen y hacen. "Tú me estás *reforzando* muy poco, suelen decir, –y es que no te fijas nada más que en las cosas malas que hago–. Pero no me animas diciéndome qué he hecho bien o en qué cosas yo valgo". En esto, desde luego tienen razón. Es preciso afirmarles en lo que valen, pero también es necesario corregirles en lo que se equivocan.

Lo que sería lamentable es que sólo se les hiciese notar las características positivas de que disponen. Desde luego, no todos los niños a los que sus padres se han dirigido con el término coloquial y como de compañeros de *campeón*, llegarán a ser verdaderos campeones. Se comprende que usen este cariñoso término intimista que entraña una cierta complicidad, pero no siempre y, sobre todo, no a costa de silenciar los aspectos negativos que también se concitan en sus caracteres. Afirmarles en lo positivo o incluso afirmarles por afirmarles, con independencia de que aquello en que se les afirma sea verdadero o no, sólo contribuye a falsear su autoestima, tergiversar la formación de su autoconcepto y ofrecerles un modelo narcisista con el que identificarse, que con harta probabilidad les hará sentirse desgraciados y cosechar abundantes conflictos a lo largo de sus vidas.

Por tanto, es preciso que la estimación que se les manifiesta sea la adecuada, que en todo se atenga a la realidad. Como, por otra parte, la realidad humana es siempre positiva –no hay ninguna persona en la que por cada rasgo negativo que tenga su personalidad no se puedan encontrar otros diez o veinte positivos–, respetémosla; atengámonos a ella; ¡seamos realistas!

Es preciso hablar con ellos, en el modo más claro posible, acerca de lo que de negativo y positivo hay en sus comportamientos. Es cierto que al proceder de esta forma y hablar de lo negativo que hay en sus conductas suscitaremos en ellos sentimientos negativos. Por eso, es preciso que al mismo tiempo se hable con ellos también de lo que tienen de positivo y les caracteriza, lo que les suscitará sentimientos positivos acerca de sí mismos. En cualquier caso, el balance resultante ha de ser siempre positivo, entre otras cosas porque también es siempre positiva la realidad personal.

condiciones de crecimiento de la autoestima: conocimiento personal y proyecto realista

Las dos condiciones necesarias para *hacer crecer la autoestima* son las siguientes: primero, que el *conocimiento personal esté fundamentado en la verdad*; y segundo, que se disponga de *un proyecto personal realista* que pueda alcanzarse, no importa el esfuerzo que haya que hacer para ello.

Si la persona no se proyecta en el futuro, si no sabe a qué se destinará, si no acaba de *verse a sí misma* realizando su vida personal en la próxima década, lo más probable es que no disponga de proyecto alguno. No disponer de proyecto puede indicar que esa persona se aburre consigo misma, que ha dejado de ser interesante para ella misma. Por eso sin proyecto no hay autoestima posible. El aburrimiento puede considerarse como un indicador de riesgo de pérdida de la autoestima.

Por el contrario, si esa persona cada vez que observa su intimidad considera que es interesante, enseguida comenzará a generar proyectos. Es probable que no todos ellos sean igualmente válidos, tal vez por no haberse proyectado de acuerdo con la realidad y peculiaridades personales. Pero eso tiene fácil solución. Lo que tendrá que hacer es depurarlos, distinguir entre las diversas opciones que se le presentan en su horizonte vital. Tras su estudio irán apareciendo ciertas conclusiones que se abren camino en su intimidad: "esta opción no parece que sea muy realista", "esta otra puede estar equivocada", "esta, en cambio, parece que está más puesto en razón", "sobre aquella otra, la persona que mejor me conoce, dice que es la que debería seguir", etc. Con el tiempo, estas posibles opciones se irán adensando y haciendo consistentes, hasta llegar a transformarse en la profunda convicción de que una o varias de ellas son exactamente las que hay que elegir.

Las opciones, a las que se ha aludido, no se limitan a sólo la elección de carrera, sino a un abanico mucho más amplio de posibilidades (estilo de vida, *hobbies*, práctica de deportes, elección de amigos y amigas, valores por los que se quiere apostar para crecer en ellos, etc.). Pero esas opciones sólo se presentarán si esa persona considera que su vida naciente es interesantísima. Cuando la propia vida se torna algo no interesante para sí mismo, entonces las personas se aburren y, lógicamente, en ese estado no es posible optar por ningún proyecto. *Si la propia vida no es interesante*, es que esa persona no se estima a sí misma.

Precisamente por eso, allí donde no hay autoestima, la vida personal deviene en tragedia; en una tragedia que suele estar falta de fundamento real, aunque se viva en la realidad como una experiencia lacerante e insufrible. En este caso, la afectividad se ha trasformado en *pathos*, en patología. Esto es lo que explica que algunas personas no se acepten a sí mismas, que sean incapaces de soportarse, sencillamente que, según nos manifiestan: "estén hasta el moño, se detesten y no se aguanten tal y como son".

Si uno no está satisfecho consigo mismo, si no se respeta a sí mismo, lo más probable es que tampoco pueda respetar a los demás. Si se tiene la convicción de no ser interesante para sí mismo, los otros tampoco podrán interesarle. Surgen así muchos conflictos –también entre padres e hijos adolescentes– que se podrían haber evitado.

creatividad
frente a
aburrimiento

Por el contrario, si el bullir de la intimidad personal se torna creativo, si les atrae e interpela, acabará por motivarles de forma poderosa. Esto les hará decidirse a cambiar, con lo que sus vidas experimentarán una transformación radical. Ahora perciben que ya no están aburridos. En esto consiste el no sentirse aburridos: en experimentar que son capaces de pasárselo bien al entretenerse consigo mismos. Cuando cada vida humana se torna algo fascinante –porque lo es–, entonces crece la autoestima.

En esas circunstancias es mucho más fácil estimar a los demás en lo que valen y no compararse con ellos, es decir, no experimentar la acidez de la envidia. Entonces comprenden, con toda naturalidad, que es bueno alegrarse con las cosas buenas que les suceden a los demás, con las peculiaridades valiosas que adornan y engalanan sus vidas. En unas circunstancias como éstas también es mucho más fácil condolerse empáticamente con las cosas negativas que a los demás les suceden. Según esta experiencia, la autoestima se manifiesta también como amor ajeno, como afecto por los demás, cuestión a la que apenas se ha hecho aquí referencia alguna.

2.5. Autoestima y estimación por los otros

sentirse
queridos

Consideremos, por último, otro importante factor del que depende la génesis y desarrollo de la estima personal. Me refiero, claro está, al modo en que las personas perciben que son estimadas por los otros, a *la experiencia de sentirse queridos*, al modo en que experimentan que determinadas cualidades personales son consideradas como valiosas por los demás.

En realidad, este factor comienza desde antes del nacimiento –porque los padres ya estiman al hijo que vendrá, antes de su alumbramiento–, aunque de ello las personas no tengan ninguna experiencia. Luego, una vez que el niño nace, sí que experimentará de continuo la estima de sus padres. A esto se le conoce hoy con el término de *apego infantil*, del que ya se trató por extenso en otro lugar (Polaino-Lorente y Vargas, 1996).

En la actualidad, la mayoría de los investigadores no admiten que el niño se apegue a su madre, como consecuencia de que ésta sea únicamente la fuente de sus gratificaciones fisiológicas (alimentación, higiene, etc.).

Acaso por eso, hoy se prefiere hablar de *apego, confianza* y *autoconfianza*, que son elementos claves y originarios de la autoestima personal. En realidad, es muy difícil que un niño llegue a confiar en sí mismo si antes no ha experimentado confianza en sus padres. Y es que *la confianza en otros y en sí mismo* forman parte del sentimiento de confianza básico, que está integrado en la autoestima.

apego, confianza y autoconfianza

Pero, la autoconfianza, como la confianza en otro, no siguen la ley del *todo o nada*, sino que admiten una cierta gradualidad, lo que permite intervenir para acrecerlas u optimizarlas.

Por último, la teoría del apego ha optado por introducir una terminología mucho más precisa y clara. Hoy se habla de *modelos prácticos del mundo y de sí mismo*, que cada niño *construye* en virtud de cuál sea la interacción que haya tenido con sus padres. Es precisamente esta experiencia la que condicionará en el futuro su autoestima personal y sus expectativas y planes de acción, es decir, sus proyectos.

modelos prácticos del mundo y de sí mismo

El modo en que el niño se construye el modelo de sí mismo, a partir de las interacciones con los padres, es de vital importancia para su futuro. El modelo práctico que de sí mismo tiene el niño será tanto más seguro, vigoroso, estable y confiado cuanto mejor apegado haya estado a su madre, cuanto más accesible y digna de confianza la haya experimentado, cuanto más disponible, estimulante y reforzadora haya sido la conducta de su padre.

Por el contrario, el modelo práctico que de sí mismo tiene el niño será tanto más inseguro, débil, inestable y desconfiado en función de que perciba y atribuya a la interacción con sus padres rasgos de hostilidad, desconfianza, rechazo o dudosa accesibilidad.

No se olvide que de estos modelos prácticos que el niño autoconstruye –a través de sus experiencias sensibles– va a depender, de alguna forma, el modo en que más tarde supone que serán los modos en que los otros respondan a su comportamiento, dependiendo de ello su valía personal, su estilo emocional, en una palabra, su autoconcepto y autoestima.

definición de apego

De acuerdo con lo anterior, podría definirse el *apego* como la vinculación afectivo-cognitiva que de una forma estable y consistente se establece entre un niño y su madre, como consecuencia de las interacciones sostenidas entre ellos.

Dicha vinculación depende de los dos elementos que se concitan irrenunciablemente en esa relación: el niño y los padres. La vinculación entre madre e hijo depende del repertorio de conductas innatas del niño (temperamento) y de cuáles sean sus conductas de apego (llanto, risa, succión, etc.), pero también y principalmente de la *sensibilidad y conducta materna y paterna*.

En consecuencia con ello, el apego describe la necesidad básica que experimenta todo niño de buscar, establecer y mantener cierto grado de contacto físico y cercanía con las figuras vinculares, a través de las cuales moldea y configura las experiencias vivenciales de seguridad, confianza, emocionabilidad y estima, referidas tanto a sí mismo como a los otros y al mundo.

Hay, a este respecto, un texto especialmente luminoso, que no me resisto a transcribir a continuación. Fiódor Dostoievsky (1999) pone en boca de Piotr Petrovitch unas palabras elocuentes acerca de esto cuando dice:

No, no es un lugar común. Le voy a poner un ejemplo. Hasta ahora se nos ha dicho: "Ama a tu prójimo". Pues bien, si pongo este precepto en práctica, ¿qué resultará? Pues resultará que dividiré mi capa en dos mitades, daré una mitad a mi prójimo y los dos nos quedaremos medio desnudos. Un proverbio ruso dice que el que persigue varias liebres a la vez no caza ninguna. La ciencia me ordena amar a mi propia persona más que a nada en el mundo, ya que aquí abajo todo descansa en el interés personal. Si te amas a ti mismo, harás buenos negocios y conservarás tu capa entera. La economía política añade que cuanto más se elevan las facturas privadas en una sociedad o, dicho en otros términos, más capas enteras se ven, más sólidas en su base y mejor su organización. Por lo tanto, trabajando para mí solo, trabajo en realidad para todo el mundo, pues contribuyo a que mi prójimo reciba algo más que la mitad de mi capa, y no por un acto de generosidad individual y privada, sino a consecuencia del progreso general. La idea no puede ser más sencilla. No creo que haga falta mucha inteligencia para comprenderla. Sin embargo, ha necesitado mucho tiempo para abrirse camino entre los sueños y las quimeras que la ahogaban.

Sin duda alguna, la mejor economía, la mejor autoestima y la mejor justicia social son aquellas que arrancan del esfuerzo personal realizado por cada persona para llegar a ser la mejor persona posible.

3

Grandeza y miseria de la autoestima en la sociedad actual

3.1. Grandeza y miseria de la autoestima en la sociedad actual

Sin duda alguna, es bueno que la persona se estime a sí misma. La dignidad y grandeza de la persona así lo exige. Pero, de otra parte, no resulta nada agradable encontrarse con personas cuya estimación resulta desconsiderada –además de injusta, en algunos casos– respecto de las personas con las que se relacionan. Son personas tan pagadas de sí mismas que no parecen, sino estar entregadas a la adoración exclusiva de su propio *yo*, tratando con indiferencia –excluyendo– a todos los demás. He aquí la miseria que subyace en este error por exceso de la autoestima personal o como consecuencia de su tergiversación.

estimación adecuada

Más allá del uso fraudulento y relativamente tergiversado que de este concepto se hace en la actual sociedad, el hecho es que lo que hoy entendemos por autoestima fue conocido desde siempre en la lengua castellana, aunque con otros términos. Algo de esto mismo es lo que se quiso significar con conceptos –entonces de amplia circulación social y cuyo uso ha caído hoy– como *orgullo, amor propio, soberbia, vanagloria, autoexaltación, vanidad*, etc., algunos de los cuales el propio James los incluyó en el ámbito de la autoestima.

autoestima y otros términos

Es posible que en alguno de ellos fuese preciso distinguir entre lo que significan en el ámbito de la perspectiva psicológica y la relativa carga moral que les acompaña. Pero, obviamente, ninguno de ellos es en modo alguno reductible a sólo *moralina*.

pervivencia del
significado

De hecho, aunque el uso de los anteriores términos sea más bien escaso actualmente, ello no empece en absoluto para que las personas continúen siendo más o menos orgullosas o dispongan de más o menos amor propio. Este último término, por ejemplo, traduce más directa y radicalmente, en un castellano mucho más claro, el concepto de autoestima, aunque es probable que el término *amor propio* tenga un sentido mucho más amplio y complejo –más diáfano y transparente también– que el concepto de autoestima.

autoestima y
amor propio

Incluso como tal *amor propio* no debiera satanizarse sin más. Amarse a sí mismo es algo no sólo conveniente, sino muy necesario. No es sólo un derecho, sino también un deber. La propia naturaleza humana así lo exige. Es posible que hasta el mismo *instinto de conservación* esté implicado en el *amor propio*.

Además, en el *amor propio* se trasluce también un cierto deber para con la dignidad personal. Algo que antaño hacía relación a la defensa del propio honor y de la honra personal. Lo que constituyó, sin duda alguna, un alegato para esforzarse en ciertas exigencias de la propia dignidad, que no debían cederse ni concederse a nadie. En esta perspectiva el *amor propio* aparecía como vinculado a la virtud de la *justicia*.

La grandeza de esto que hoy conocemos con el término de *autoestima* –una exigencia natural– remite y emana del amor que cada persona ha de tenerse a sí misma. Se entiende aquí por *amor* el hecho de *aceptarse* cada uno *a sí mismo*, con las concretas peculiaridades y limitaciones que, desde el nacimiento, le son características. Pues, si la persona no se amase a sí misma, ¿qué otra cosa se querría significar, entonces, con el concepto de autoestima?, ¿para qué serviría aludir a la autoestima?, ¿sería ésta tan relevante como hoy nos parece?

Más aún, la estimación que cada persona experimenta por sí misma, en modo alguno agota el concepto de *amor propio*, cuya significación es mucho más vasta y amplia. Hasta el punto de que tal vez en el amplio significado de *amor propio* pueda quedar englobado, en cierto modo, no sólo la autoestima, sino hasta incluso toda una concepción de la vida.

De otra parte, el incremento de la validez y deseabilidad sociales de la autoestima tampoco es que hayan emergido como un hecho imprevisible, aislado e insólito. Si tanto se ha generalizado el uso de este término es porque hoy se ha dado prioridad y se ha puesto un mayor énfasis en el ámbito de la emotividad. A lo que parece, la inteligencia está en la hora presente en descrédito, mientras que el emotivismo amenaza con llenarlo todo.

emotividad y emergencia social de la autoestima

Acaso por ello, han hecho más fortuna cultural los programas relativos a *la educación sentimental* –cualquiera que sea el modo en que ésta sea formulada– que otros programas que tal vez podrían incidir más en el desarrollo cognitivo de la persona (como *el aprender a pensar, el enriquecimiento instrumental de la inteligencia*, etc.).

Sin duda alguna, el concepto de autoestima se ha popularizado, hasta el punto de iniciar desde allí el camino de regreso a ciertos sectores del ámbito clínico, como ya se ha probado en detalle en otra publicación (Polaino-Lorente, 2000a). No son pocos los pacientes cuyo principal motivo de consulta con el psiquiatra es un problema de esta naturaleza. Son personas a las que cuando se les pregunta por el motivo de la consulta, suelen contestar con expresiones como las siguientes: "doctor, es que tengo un problema de autoestima", "es que mi autoestima está baja", etc.

concomitancias del déficit de autoestima con otros síntomas psicopatológicos

En muchos de los casos, esto es verdad, pero casi nunca toda o sólo la verdad. En efecto, el déficit de autoestima está presente en ellos, además de otros muchos síntomas psicopatológicos. Pero aunque tal déficit esté presente en todos ellos, la naturaleza, intensidad y cualidad de este trastorno no suelen ser coincidentes en la mayoría de ellos. Esto quiere decir que, al menos en el ámbito psicopatológico, el término de autoestima se predica de muy diversas formas.

En modo alguno se asemeja, por ejemplo, el déficit de autoestima manifestado en un paciente con depresión con lo que suelen expresar otros enfermos afectados por un trastorno de personalidad o por una fobia a hablar en público. Hay, qué duda cabe, algo común en todos ellos, pero también muchos y diversos matices que les diferencian, por lo que parece legítimo preguntarse si en todos los casos se tratará del mismo o de diferente déficit.

Hay, pues, un cierto *isomorfismo* –un tanto forzado y artificial; artefactual casi– en el significado atribuido a este término, probablemente a causa de la generalización y manifiesta popularidad que ha alcanzado en las últimas décadas. Pues ni todos los déficit de autoestima tienen la misma causa ni se expresan del mismo modo, ni tienen el mismo significado para la persona, ni son objeto de la misma y única intervenvión.

3.2. La autoestima en la sociedad del desamor

Es probable que también el *desamor* sea una de las principales notas que mejor caracterizan hoy a la sociedad. Esta afirmación, un tanto patética, acaso pueda parecer excesiva, pero en modo alguno lo es. Hay muchos indicadores que así lo manifiestan. Bastaría, por ejemplo, con pasar revista a los comportamientos violentos, a la infidelidad conyugal, a los divorcios, a los conflictos conyugales, etc., y comprobar como la tasa de incidencia de estos eventos se incrementa en el mundo actual de forma progresiva. Conviene no olvidar que con esas *manifestaciones de desamor* ha de convivir la autoestima personal.

desconocimiento de lo que es amor

Se diría que el conocimiento acerca de lo que sea amar se muestra cada vez más oscuro y opaco a nuestras miradas. El tema del querer constituye hoy la *asignatura pendiente* por antonomasia. Y eso a pesar de que la *educación sentimental* esté de moda en la actualidad.

La afectividad se ha confundido con la sexualidad y el amor se ha degradado a mera conducta fisiológica. En la actualidad, el querer coincide con el apetecer, el interesar o el desear. Es decir, *el querer mismo no quiere*, simplemente apetece, desea o busca su interés. Esta pérdida del sentido del amor interpersonal genera, lógicamente, la desorientación de la persona.

El querer se asienta hoy más en el emotivismo que en la voluntad racional; en la epidermis que en el corazón. Acaso por eso haya tanto miedo al compromiso. El auténtico querer humano no usa medias tintas, no es una chaqueta de quita y pon, no es una experiencia transitoria o, en la mayoría de los casos, instantánea; algo transeúnte y fugaz que tras de su paso nada deja. El querer de la persona exige que se ponga en juego todo el ser, que se apueste la persona entera y sus futuros proyectos a una sola carta. Amar, escribió Aristóteles en su *Retórica*, consiste en "querer el bien para el otro".

El querer hunde sus raíces en la voluntad, a la vez que es la expresión más emblemática de ella. El querer implica una cierta decisión, por la que alguien elige a alguien, por la que un *yo* se entrega a un *tú* para constituir un *nosotros*, por la que una persona se dispone a construir el bien de otra persona.

amor y bien del otro

Querer el bien para otro es poner en juego la propia persona al servicio de esa otra persona, comportamiento que, fuera de las personas, ningún otro animal puede realizar. Lo mismo puede afirmarse respecto de la donación de sí.

Ahora bien, querer el bien de otra persona significa contribuir a *que la otra persona llegue a ser la mejor persona posible*. Pero no llegará a serlo si, a su vez, no sabe amar. Por consiguiente, querer el bien de otra persona es también querer su querer, querer el bien que ella quiere. Y si no sabe querer, *querer el bien de otra persona*, debiera consistir en enseñarle a querer. De aquí que querer a otro significa también *querer enseñarle a querer*.

¿Cómo explicar, entonces, la ignorancia que se da hoy acerca del amor?, ¿a qué se debe que la actual cultura esté presidida por el desamor? Probablemente a que, en el fondo, la mayoría no quiere, porque no sabe querer o porque no ha aprendido a querer, y también porque no saben, como personas, estimarse como debieran.

Nada de particular tiene que esto sea así, cuando se da mayor importancia al *fuera* que al *dentro* de la persona. A lo largo de la psicoterapia y de las conversaciones con muchos jóvenes, quien esto escribe ha formulado en numerosas ocasiones esta cuestión: ¿tú qué prefieres, la carrocería o el motor de un coche?

interioridad y manifestación externa

La metáfora que encierra la pregunta es, desde luego, una trampa mortal, puesto que la analogía entre *motor* y *dentro* y la de *carrocería* y *fuera* es obvia en este símil, en lo relativo a las personas. Pues bien, bastantes de mis interlocutores no han logrado ver más allá de la metáfora y ateniéndose a sólo ella, han respondido que prefieren la *carrocería*.

Esto pone de manifiesto que no se quiere tanto al otro en cuanto otro, como al otro en tanto que manifestación epidérmica, en tanto que una cierta morfología, apariencia o imagen de la que servirse para los propios intereses. Pero ninguna persona puede reducirse a sólo su piel, su anatomía, su explícita apariencia corporal. Lo más rico de la persona es su *dentro*, su *intimidad*, allí donde asienta la subjetividad, es decir, lo que por estar guardado –su intimidad–, no está expuesto a la mirada de curiosos y extraños y, por ello mismo, resulta merecedor de amor (Yepes Stork y Aranguren Echevarría, 2001).

Lo otro, apelar a sólo la *carrocería*, no es sino una maniobra casi fisiológica, instintiva, para *quererse o satisfacerse a sí mismo en el otro, sin salir de sí mismo.* Más aún, se sale de sí mismo sólo en tanto que puede tomarse en el otro lo que el primero necesita para satisfacer su placer. Pero este breve y equivocado itinerario es muy improbable que pueda mudarse y alcanzar el verdadero *encuentro* con el otro.

Una falsa salida de sí mismo, de este tenor, está muy cerca de la *manipulación* y muy lejos del encuentro interpersonal. La persona a la que se quiere ha de quererse por sí misma y no por la satisfacción que produce. Esa satisfacción se extiende también, obviamente, a las cualidades espirituales que la persona tenga, que ni siquiera ellas mismas legitiman la salida de sí –la apertura y la donación al otro–, a pesar de ser de mayor calado que las de aquellos que se atienen a sólo la mera *carrocería*. Ni siquiera la fruición del gozo placentero, a causa de las atractivas características presentes en el otro, debieran presidir o poner en marcha el querer humano.

El querer tampoco consiste en poseer las características positivas del otro, con tal de hacerse uno a sí mismo mejor. Porque, en ese caso, entonces no se quiere al otro en cuanto otro (*en-sí-mismo*), sino al otro en cuanto es ocasión de que uno sea mejor, es decir, al otro en tanto que *ser-para-mí*.

ser-en-sí y ser-para-mí

Esto significa que ni siquiera la natural y legítima búsqueda del propio perfeccionamiento personal legitima la transformación y el uso del otro, *de ser-en-sí* en *ser-para-mí*. Tal reduccionismo supone una relativa aniquilación del otro, en tanto que el otro queda subordinado –y con toda probabilidad, reactivamente tratado– al ser de la persona que dice estimarle.

Este planteamiento habría que hacerlo desde otra perspectiva. Si se entiende *el querer como salida de sí y donación de sí*, entonces quien así quiere, querrá ser más y mejor, dar mucho más de lo que tiene, esforzarse por llegar a ser la mejor persona posible de manera que el aceptante de su don quede así más satisfecho. Estima más y mejor quien más quiere. Quiere más, quien más y mejor crece. Quiere más, quien más se esfuerza por conseguir llegar a ser la mejor persona posible para regalarse al otro. Esto sí que es un intento explícito y sincero de querer al otro, en tanto que otro.

salida, donación de sí y autoexpropiación

El querer tiene que ver con la donación. Querer es "autoexpropiarse en beneficio de otro" (Cardona, 1987). Querer es volcarse, dar todo lo que uno es y puede llegar a ser, en beneficio de la persona a la que se quiere. Si el fin de la autoestima se concibiera de esta forma, ¿continuaría todavía la sociedad del desamor?

3.3. La aceptación de sí mismo

síndrome
psiquiátrico
más frecuente

Entre los expertos, está generalizada la opinión de que la baja autoestima es un rasgo al que en la actualidad hay que atender de forma especial, no sólo porque esté de moda, sino porque la depresión –con mucho el síndrome psiquiátrico hoy más frecuente– está muy relacionada con ella. El depresivo no se quiere a sí mismo y dispone de una memoria selectiva capaz de recordar sólo los sucesos negativos que acontecieron en su vida.

Pero la excesiva preocupación por la autoestima tiene sus pros y sus contras, su haz y su envés. Entre otras cosas, porque tal y como se ha configurado aparece como un concepto equívoco y un tanto confuso.

Más allá de estos equívocos, es muy conveniente que las personas se estimen a sí mismas, es decir, que no se rechacen a ellas mismas, sino que se acepten y respeten tal y como realmente son. Esta circunstancia es algo normal y capaz de proporcionar un cierto equilibrio personal. Nada de particular tiene que incluso en la tradición bíblica se nos indique que hay que "amar al prójimo como a uno mismo".

necesidad
de cierto
amor propio

Esto significa que el criterio para medir el amor a los demás no es otro que el amor que cada persona se tiene a sí misma. Por tanto, cierto *amor propio* es necesario, pues si la persona no se amara a sí misma, sería muy difícil –casi imposible, en la práctica– que pudiera amar a los demás. Por el contrario, si las personas se odiasen a sí mismas, es harto probable que aumentarían los homicidios y los suicidios.

Si el segundo mandamiento (que junto al primero que se refiere a Dios –amarás a Dios sobre todas las cosas– resume toda la ley de la tradición judeocristiana) está formulado de la forma en que lo conocemos, es porque lo que primero acontece en el ser humano, de forma espontánea, es un sentimiento de afecto hacia sí. Más tarde, una vez que este sentimiento se ha experimentado, es cuando la persona puede reflexionar acerca de su prójimo y concluir algo semejante o parecido a lo que sigue: "Pues, esto mismo que a mí me va tan bien, es lo que tengo que hacer que suceda en los demás".

Cuando las personas no se estiman a sí mimas como debieran, cuando se desprecian –porque deprecian injustamente lo que realmente valen–, no se aperciben de que tal vez se están precipitando en una posición que es metafísicamente insostenible: el *resentimiento* contra uno mismo. Pero si la persona no se acepta como es, es que tampoco acepta –más bien *rechaza*– el espléndido regalo que supone estar vivo, ser quien se es o, simplemente, ser esa persona concreta que es y está en el mundo.

Cualquier biográfica de una persona resentida, plantea inicialmente una multitud de problemas psicológicos y psicopatológicos, algunos de los cuales pueden llegar a ser muy graves. La raíz de muchas de esas manifestaciones reside en que la persona no está contenta de sí misma, no se acepta como es, se rechaza a ella misma.

Lo natural, sin embargo, es que nos aceptemos como somos y que cada uno esté satisfecho de sí mismo (al menos, relativamente satisfechos de quienes somos, con independencia de las manifestaciones que respecto de uno mismo se hagan en público). Esto es compatible, desde luego, con que no estemos, lógicamente, satisfechos del todo. Pues de ser así, de *rechazarse como quien es*, entonces habría que reconocer una cierta imposibilidad para el futuro progreso personal, lo que es contrario a la ilimitada capacidad de crecimiento de la persona. Por el contrario, *estar del todo satisfecho* acerca de uno mismo implica no haberse conocido como sería menester, además de poner las condiciones necesarias para la abolición del futuro personal.

No, lo lógico es que nos aceptemos como somos, con las objetivas cualidades positivas y negativas que nos caracterizan, sabiendo que son siempre más numerosas las primeras que las últimas. Además, estas últimas son las que precisamente hay que neutrali-

resentimiento

zar y tratar de mejorar, al igual que las primeras hay que acrecerlas. Pero eso, sólo depende de nosotros en gran medida.

3.4. El resentimiento y la aceptación del propio origen

Una persona que se rechaza a sí misma no puede amar a nadie.
Si uno se rechaza a sí mismo, además de no estimarse, tampoco
puede amar su propio origen y fundamento. Pero el origen y fundamento natural de uno mismo son los propios padres. Cuando
una persona se rechaza a sí misma suele, por lo general, estar en
contra de su origen, lo que se traduce a veces en un cierto odio al
padre, a la madre o a ambos.

Una persona así suele increpar a sus padres y preguntarles por
qué le han traído al mundo, por qué le han hecho de la forma
en que hoy es. Pero esas preguntas no tienen sentido ni pueden
encontrar adecuadas respuestas. Constituyen más bien, las consecuencias de una ficción –una suerte de *rabieta* existencial– que no
es más que el resultado de un injusto malestar, sin fundamento
alguno.

preguntas sin
respuestas

Resulta imposible dar respuesta a esas cuestiones, sencillamente, porque esa persona antes de ser no era nada, y la nada no
tiene opinión; a la *nada,* nada puede preguntársele. Sus padres no
tuvieron ocasión de preguntarle cómo quería ser. Además, los
padres tampoco eligen la forma de ser de sus hijos. Por eso, aunque tal disconformidad pueda generar actitudes dramáticas y
patéticas, tales actitudes no son razonables en modo alguno.

De otra parte, no todo lo que la persona llega a ser es mero
despliegue de los factores genéticos que ha heredado. La propia
trayectoria biográfica está muy poco influida por la carga genética. Depende más bien de *cómo se haya usado la libertad personal.* En síntesis, que cada persona es en buena parte responsable
–o debiera serlo– de la persona que llega a ser: la historia personal se escribe también a golpe de las propias decisiones por las
que libremente optamos.

No deja de ser curioso que –cuando surge el *resentimiento*– sólo se culpe a los padres de lo que a esas personas no les gusta de sí mismas, pero jamás atribuyen a sus padres algunas de las muchas cualidades positivas de que disponen y conocen. Una atribución así –lo positivo para ellos mismos y lo negativo para sus progenitores– no sólo es *injusta,* sino que es demasiado burda como para ser considerada aquí.

Esto suele acontecer a ciertas personas y en diversas edades, especialmente durante la adolescencia. Tal vez porque son personas que se infraestiman demasiado cuando apenas tienen experiencia de la vida y todavía se ignoran a ellas mismas casi por completo. La propia ignorancia, el miedo al ridículo y las ganas de contentar a todos, de manera que les valoren, jalonan desgraciadamente este itinerario de tortuosas y, en ocasiones, fatales consecuencias.

otras
consecuencias
de la baja
autoestima

Por lo general, las personas que sufren problemas de autoestima –he aquí su miseria– no suelen aceptarse como son, se rechazan a sí mismas y muy difícilmente logran amar a los demás. La estimación personal baja encierra a la persona en la prisión del formalismo hermético y de la rigidez desvitalizada; extingue la motivación personal para las tareas que hay que emprender; enrarece la vitalidad que se disfraza de falso racionalismo formalizado; y contribuye a sembrar de dudas e inseguridades el proyecto biográfico, ya en ciernes, por el que se había optado.

La baja autoestima genera casi siempre graves conflictos, especialmente en el contexto familiar, laboral y social, donde aquellos suelen ser más dolorosos y, con frecuencia, acaban por arruinar la amistad.

En cambio, las personas que disponen de una estima apropiada se experimentan a ellas mismas mejor, están más dispuestas a salir de sí y a ocuparse de los demás, establecen con facilidad ciertos vínculos interpersonales y disfrutan de esa *joie de vivre* que tan necesaria es para conducir la propia vida con ligereza y soltura hacia su propio destino, estableciendo las necesarias vinculaciones con los demás.

En esto reside, en buena parte, *la grandeza de la afectividad*: en sentirse bien con uno mismo (autoestima) y experimentar que los afectos de los otros nos afectan (simpatía); que no se está solo, ni aislado; que no se es indiferente a lo que acontece a otras personas; que uno se siente interpelado, porque le concierne lo que pueda suceder a quienes, por razones de proximidad o parentesco, conoce; que uno vibra en la misma longitud de onda que los otros; sencillamente, que se está y se siente vivo... y, en consecuencia, se siente orgulloso de ello.

3.5. Errores más frecuentes en la autoestima del adolescente

De ordinario, el desconocimiento de sí mismo en la adolescencia es muy grande. De aquí que el adolescente tienda a sobrestimar algunas de sus cualidades, mientras que, al mismo tiempo, infraestime otras.

Como balance del deficitario y erróneo conocimiento personal que suele acontecer en estas edades, el adolescente resulta injusta y estúpidamente empobrecido.

De otra parte, la sociedad actual no parece contribuir a mejorar la autoestima del adolescente. La trivialización de la vida, a través de modas y modelos más bien desafortunados, contribuye a ello.

subestimación

Observemos un ejemplo cualquiera. Hay chicas de quince años que han elevado a categoría trascendental lo que es casi anecdótico y provisional en su geografía corporal, todavía en formación (el rostro, el tipo, la estatura, etc.), y por eso se *infraestiman*. Cuando se contemplan ante el espejo, la conclusión a la que llegan es que no se gustan. Y como, tras compararse con sus amigas −a las que erróneamente sobrevaloran, pensando que son más guapas, más delgadas o más inteligentes que ellas−, no se gustan, el hecho es que acaban por odiarse. Esto puede suscitar en ellas la emergencia de graves fracturas psíquicas y la aparición de ciertos *complejos*.

sobrestimación

En otras ocasiones sucede lo contrario. Una adolescente tal vez se *sobrestime* en una cualidad positiva que realmente tiene, aunque no con la intensidad que corresponde. Es probable que, a causa de ello, se sobrestime más allá de lo que sería conveniente. Basta con que se considere, por ejemplo, la más guapa de su clase, aunque no sea verdad. Tal error de sobrestimación le hará sufrir, porque las *expectativas* que ha formado –de acuerdo con ese conocimiento erróneo de sí misma– no se satisfarán, lo que dificultará su adaptación a la realidad. En efecto, esa adolescente espera que sus compañeros la traten de acuerdo a la opinión que ella se ha formado de lo que los otros habrían de pensar acerca de sí misma. Pero eso es exactamente lo que no sucederá.

De aquí que se sienta frustrada y que etiquete de forma negativa y desprecie a sus compañeros, en lugar de modificar su opinión errónea. Pero si no le tratan conforme al juicio (distorsionado) que se ha hecho de sí misma, infiere que sus compañeros la rechazan, que no la aprecian como debieran, la detestan y *no la comprenden* –al menos, esa es su convicción no demostrada–. Es posible que continúe con otras *atribuciones erróneas* y apele a la *envidia* que erróneamente atribuye a sus compañeros, para tratar de justificar así lo que ella siente.

Al tiempo que esto sucede, es muy posible que cometa un error de signo contrario, consistente en, por ejemplo, la infraestimación de su inteligencia, es decir, en suponer que es menos inteligente de lo que realmente es. Este segundo error genera también fatales consecuencias.

Los *errores de infraestimación en los adolescentes* constituyen un problema muy generalizado, del cual se derivan muchas consecuencias negativas para ellos mismos y para la sociedad entera. A los ojos de un adulto, tal vez estos conflictos puedan parecer demasiados pequeños y casi triviales, por lo que –en opinión de algunos padres y profesores– apenas si hay que darles importancia. Sin embargo, en modo alguno es así, pues, en la medida que no se resuelvan pueden condicionar el desarrollo neurótico de la personalidad del adolescente.

3.6. La insatisfacción de los adultos y la autoestima

Algo parecido sucede también en los adultos. Es muy frecuente entre las personas que hacen balance de sus vidas –a los cincuenta años o más–, que al echar la vista atrás para evaluar lo que han sido y hecho de sus vidas, se encuentren profundamente insatisfechos.

proyectos frustrados

Si miran hacia *atrás* se sorprenden con que no están satisfechos con casi nada de lo que han hecho hasta entonces (por sostener un persistente y elevado nivel de aspiraciones en desacuerdo con sus posibilidades; por tener demasiadas pretensiones; por infraestimar el más que suficiente éxito obtenido, etc.).

falta de tiempo

Cuando miran hacia *adelante* y contemplan el futuro que les espera creen que ya no tienen suficiente tiempo para rectificar y mejorar su *cuenta de resultados*. Se han quedado sin ilusiones, sin proyectos y sin futuro, al mismo tiempo que se hunden ante el propio pasado, que suelen percibir como un lastre demasiado pesado e insatisfactorio como para que sea soportable para ellos.

Entonces se instalan en una situación particularmente crispada, como consecuencia de que no les gustan sus propias vidas ni el balance con el que aquellas se concluye. He aquí el problema fundamental de esa persona que se ha vuelto *rara* y con la que es muy difícil dialogar, que tiene conflictos conyugales, que genera dificultades en el trabajo con sus compañeros, que no dispone de amigos, que se esconde en un rincón, en definitiva que está en una crisis muy parecida –salvando las distancias– a la que es común entre los adolescentes.

Pero ni siquiera la aparente infraestima en la persona a la que se ha aludido neutraliza la capacidad de estimarse a sí misma. Cada persona se quiere a sí misma por encima de cualquier otra persona o cosa. De aquí que algunos puedan llegar a querer incluso el propio fracaso. Bajo las apariencias de ese error de infraestimación también se oculta el *yo*, sólo que en forma de resentimiento personal, de magnificación de la pequeña crisis vital que ahora el *yo* agiganta más allá de lo que sería razonable.

3.7. Del resentimiento al narcisismo

No parece conveniente, por eso, que no se ejerza un cierto control sobre la estima personal; que no se juzgue ésta desde los prudentes criterios de la racionalidad. La elevación de la autoestima o su exageración conduce al *narcisismo*. La infraestimación, en cambio, al *resentimiento*. Tan malo de sufrir es lo uno como lo otro.

En el *narcisismo* se aminora la valía y la dignidad de las personas que le rodean, a las que injustamente se infraestiman. Consecuencia del narcisismo es la autoexaltación personal a través de los valores de que se dispone, además de adornarse con otros supuestos valores de los que se carece. En el narcisismo, el *yo* se concibe a sí mismo como *el ombligo del mundo* y, en consecuencia, se espera de los demás (*expectativas*) lo que en modo alguno pueden darle: que le traten como lo que no es, ni será, ni podrá llegar a ser.

consecuencias del narcisismo

Con el narcisista no hay quien conviva, puesto que humilla todo lo que pisa y manipula a los demás en función de su yo; que no sabe otra cosa que gritar de forma reiterada su propio nombre: "*Yo, Yo, Yo...*". Esto incluso se detecta en la vida social de una forma muy fácil. Basta con observar, con ocasión por ejemplo de un almuerzo informal, *quiénes* son los que más hablan y *de qué* hablan.

convivencia

Es posible que algunos de los asistentes no tengan ni siquiera la oportunidad de hacer apenas un comentario, tal vez porque otro no ha parado de hablar durante todo el almuerzo, y, además, ha hablado acerca de sí mismo, de las cosas siempre excelentes y maravillosas que a él le suceden, de sus brillantes éxitos y de las características positivas que supuestamente le adornan.

Es como el discurso que no cesa de un pobre actor que necesitara de ciertos espectadores para confirmar su valía personal. Todo ello tiene mucho que ver con el *histrionismo*, una forma de perversión del amor que cada persona debiera tenerse a sí misma, lo que transforma el escenario social en un infierno (cfr., Polaino-Lorente, 2000b).

En el caso del *resentido*, en cambio, el autodesprecio se amplía y prolonga en el *desprecio de los demás*. La actitud de resentimiento entraña un sufrimiento con el que se salpica todo lo que se toca. Surge así el espíritu crítico, la disconformidad general, el pesimismo antropológico, que nada ni nadie puede aliviar. Es ésta una situación vital muy difícilmente sostenible, que preludia un futuro sin sosiego y sin esperanza, macizado de acritud.

El modo en que el resentido argumenta en su discurso es algo parecido a lo que sigue: "Yo, desde luego, no valgo nada y todo me ha salido mal. Pero, es así que los otros no son mejores que yo, aunque parezcan que han triunfado en la vida. Luego, nadie vale nada y yo no valgo menos que ellos".

En este modo de proceder, se hace una estimación general a la baja. En primer lugar, de sí mismo y, luego, una vez establecido el criterio de esa nadería que erróneamente resulta de evaluarse así personalmente, entonces se iguala y nivela a la baja a todos los demás, de acuerdo al criterio negativo previamente establecido.

Los resentidos califican a los demás de forma mecánica e inexorable como "personas funestas". Ninguna situación es digna de celebrarse; ninguna persona dispone de un cierto valor que merezca un elogio. Todo está hundido y bien hundido en la podredumbre. Para descubrirlo basta con un poco de atención y de la necesaria perspicacia. Y, lógicamente, la *perspicacia* es la característica más desarrollada en el resentido, el rasgo que mejor le adorna y, a lo que parece, la tiene en exclusiva. Son los *aguafiestas*, reventadores sistemáticos de cualquier pequeña alegría humana, por pequeña que ésta sea y por justificada que esté.

3.8. Psicoterapia, autoestima y pasiones

Las dos desviaciones anteriores son en rigor inaceptables. La autoestima –y lo que sobre ella se escriba hoy– tiene, por eso, una vital importancia. De aquí que no sea indiferente el discurso que se está generalizando acerca de la estima personal. Tras de ese discurso hay siempre una representación, un *modelo implícito* que acabará por convertirse para muchas personas en un *modelo mental* inspirador de numerosas conductas personales. Si se generalizan estos y otros errores acerca de la autoestima, es probable que en el futuro próximo se incremente todavía más la necesidad de la psicoterapia.

En cierto modo, la psicoterapia no es sino el modo en que tratamos de que la persona se *rehaga* a sí misma, una vez que en el largo camino de *hacerse* a ella misma, no ha logrado sino *deshacerse*. Uno de los problemas de mayor vigencia en la actual sociedad, no es que haya hombres o mujeres más o menos confusos y desorientados. No se trata sólo de eso. En todo caso, esta confusión será una de las consecuencias del problema que reside, principalmente, en el desconocimiento personal. *La ignorancia acerca de uno mismo* es incompatible con la conducción de la vida personal en libertad y hacia el propio destino.

No se autoestima más o mejor a sí mismo quien sustituye su propio conocimiento por lo que acerca de sí experimenta o siente, en definitiva, por sus pasiones De la autoestima, qué duda cabe, forman parte, y parte importante, las propias *pasiones*. Pero ella misma no puede reducirse a las pasiones que entran en su composición. La autoestima debe estar penetrada por la *razón*, por la dimensión cognitiva de la persona, dimensión que no es renunciable y ni tan siquiera negociable.

Las *pasiones*, sin duda alguna, constituyen uno de los elementos primordiales de la autoestima, pero en modo alguno han de considerarse como su único o principal componente. Las pasiones –también las que se refieren al propio yo, y principalmente éstas– son demasiado versátiles, oscuras y opacas, como para fundar sólo sobre ellas la dirección de la futura trayectoria biográfica personal.

Cualquier sentimiento –tenemos sobrada experiencia de ello– constituye una instancia fugitiva, transitoria y demasiado inestable como para asentar sobre él la consistencia de las nervaduras con las que se ha de vertebrar el propio yo.

Psicoterapia entendida como un rehacer

pasiones

3.9. Autoestima, modelos y juventud

modelos,
enajenación y
falseamiento

No debiera enajenarse la vida humana –a fin de satisfacer la autoestima– imitando ciertos modelos que los *mass media* han popularizado. Entre otras cosas, porque esa enajenación lleva pareja un falseamiento del núcleo más íntimo de la vida personal. No, no es conveniente identificarse, por ejemplo, con el protagonista principal de un relato amoroso para *transvivirse* en el papel representado por él y, con él, *revivir* como propias todas y cada una de sus emociones. También la *empatía* tiene sus limitaciones y ha de estar a buen recaudo bajo la vigilancia de lo que sostiene o debiera sostener la propia identidad.

La pequeña satisfacción icónica que proporcionan al espectador los restos de la vida amorosa del protagonista de un film, los sentimientos que el lector toma a hurtadillas de un relato cualquiera y luego los interioriza y revive en la soledad de su alcoba son del todo insuficientes –y, en ocasiones, contraproducentes– para asentar sobre ellos las raíces del destino personal.

Cada persona –especialmente en esto de estimarse a sí misma– ha de determinarse por una opción singular, no delegable e inimitable, en una palabra, por una elección, personalísima y libérrima, de la que depende el modo en que a sí misma se quiere, y de la que es consecuencia el modo en que querrá a los demás.

baja autoestima
como signo de
envejecimiento

La autoestima se manifiesta más diáfana y transparente, según parece, en las personas jóvenes que en las de más edad. Su descenso en las personas maduras puede tomarse como un signo de envejecimiento, al que suelen acompañar otras muchas manifestaciones. Pero eso no siempre es verdad. A fin de evitar al lector este mal sabor de la vida ya mediada, transcribo aquí las características de las personas no tan jóvenes o incluso ancianas (se entiende, que sin problemas de autoestima).

> "La juventud no es un periodo de la vida, sino un estado de espíritu, un efecto de la voluntad, una cualidad de la imaginación, una intensidad emotiva, una victoria del valor sobre la timidez, del gusto a la aventura sobre el amor a la comodidad".

"No se llega a viejo por haber vivido un cierto número de años; se llega a viejo por haber desertado de nuestro ideal. Los años arrugan la piel; renunciar a nuestro ideal arruga el alma".

"Las preocupaciones, las dudas, los miedos y las desesperanzas son los enemigos que lentamente nos van inclinando hacia la tierra y nos convierten en polvo, antes de morir".

"Joven es el que se sorprende y se maravilla. El que pregunta como el niño insaciable, '¿y después?' El que desafía los acontecimientos y encuentra alegría en el juego de la vida".

"Tú eres tan joven como lo sea tu fe; tan viejo como lo sean tus dudas. Tan joven como tu confianza en ti mismo; tan joven como tu esperanza; y tan viejo como tu abatimiento".

"Te mantendrás joven en tanto te mantengas apto para comprender. Comprender lo que es hermoso, bueno, grande. Comprender los mensajes de la Naturaleza, del hombre y del infinito".

"Si un día tu corazón está a punto de ser mordido por el pesimismo y anquilosado por el cinismo, que Dios tenga piedad de tu alma de viejo." (Fontana Tarrats, 1979).

3.10. Género, valores y autoestima

Hemos visto, líneas atrás, que la autoestima no es independiente de los criterios con los que cada persona se evalúa a sí misma. Ahora bien, estos criterios dicen siempre referencia, de una u otra forma, a ciertos valores. De aquí que la autoestima no sea independiente de los valores por los que opta cada persona.

Pero acontece que en la actual sociedad hay ciertas diferencias en el arco valorativo –el marco axiológico– que se atribuyen a las personas, según sean hombres o mujeres. Esto quiere decir que el género está mediando, en algún modo, el resultado de la autoestima de las personas. Parece pertinente, por eso, realizar alguna breve indagación acerca del modo en que se articulan los valores, el género y la autoestima.

Líneas arriba se han puesto algunos ejemplos a propósito de la autoestima de los adolescentes. Es posible que algunos de ellos no hayan sido todo lo afortunados que debieran. Razón por la cual, tal vez algún lector pueda intentar apelar a ciertas calificaciones del autor, en función de que –según su particular saber y entender– considere que los ejemplos anteriores no están de acuerdo con el equilibrio que hoy es preciso sostener acerca de lo masculino y lo femenino. (Sin que el lector se vea por ello en la necesidad de pronunciarse acerca del empleo de las terminaciones en o/a y os/as, con que la lectura cotidiana trata de prestarnos ese *gran* servicio).

atribución de diferentes valores según el género

Sea como fuere, el hecho es que la atribución de diferentes valores a las personas, según su género, tiene un marcado matiz culturalista y suficiente inercia tradicional como para que pueda ser desestimado o despachado sin más. No parece sino que estos valores –que tan endeudados están con ciertas modas– sólo puedan atribuirse a las personas, de acuerdo con su género. Como si la cotización de esos valores fuese estable y consistente en las *carteras* inmodificables de la *bolsa social* masculina y femenina.

3.11. Autoestima y valores en los adolescentes

En cualquier caso, es preciso reconocer a estos valores una cierta vigencia, en sus aspectos diferenciales, en lo que respecta al chico y a la chica de hoy. ¿Cuál es el inventario de valores que la mayoría de los chicos tienen hoy en mientes?, ¿qué diferencias son las más notables, al respecto, entre el chico y la chica adolescentes, entre el hombre y la mujer jóvenes?

chicos corporalidad

Los *chicos* adolescentes cuidan ahora más su cuerpo (emergencia de valores como la elegancia, la belleza y el estar a la moda). Tal vez en esto se diferencian también de las personas de su mismo género de las anteriores generaciones. A los chicos les gusta vestir ropas de marca, lo que no debería atribuirse sólo a que sean más presumidos –constituiría un reduccionismo flagrante, por excesiva simplificación–, sino más bien a efectos del consumismo. Pero los nuevos valores emergentes conviven con otros valores fundamentales y aún no decaídos, cuyo origen esté probablemente en el legado que han recibido de las generaciones anteriores.

Este es el caso, por ejemplo, de la fortaleza física, de su afán por destacar en la práctica de algún deporte, de tener la posibilidad de ganar enseguida una cierta cantidad de dinero, de obtener buenas calificaciones y, desde luego, de caer bien a las chicas y disponer de cierta capacidad para *enrollarse* con ellas, es decir, de tener *un buen rollo* y saber *montárselo bien* (Polaino-Lorente, 2003a).

¿Cuáles son los valores que más importan a las *chicas* –tal vez porque supongan que definen mejor a lo femenino? Sin duda alguna, el primer valor es la belleza. Las chicas han de ser guapas o al menos parecerlo. Y la que no es tan guapa como desea, al menos ha de ser simpática (emergencia de otro valor: la simpatía). En el caso de que no sea guapa ni simpática, lo que se supone que la sociedad solicita de ella es que sea inteligente.

chicas
belleza

Naturalmente, en ningún lugar se ha publicado este código, útil como una cierta guía al uso para estimarse en más o en menos, según se satisfagan o no esos criterios que suelen estar implícitos en la mentalidad adolescente. Tampoco se ha definido, en este contexto, qué se entiende por *guapa, simpática o inteligente*. Pero desde luego, el código funciona y determina o puede llegar a determinar en muchas de ellas, el modo en que a sí mismas se estiman.

Según parece, lo que más le importa hoy a una adolescente es el *tipo* (proporción entre la talla y el peso, además de ciertas puntuaciones en algunas medidas de sus diversos perímetros corporales), y a continuación el rostro, el modo de vestir, la adecuación de la *pintura de guerra* empleada respecto de su tipo, la forma de impresionar y llamar la atención de los chicos, la pose, el coqueteo. En definitiva, el orden de los propios valores por los que se interesa la mujer (el *body* y la *imagen*) sustituye a la personalidad. Al mismo tiempo, la inteligencia, en cambio, se percibe como un rasgo menor, de segundo o tercer orden, aunque esto afortunadamente está cambiando.

tipo, rostro,
vestimenta, pose
y coqueteo

asociación
errónea:
inteligencia y
buen carácter
con un físico
poco agraciado

Otra *estereotipia cultural* que constituye un craso error en el ámbito de lo femenino, consiste en asociar la inteligencia y la gracia del carácter a la ausencia de belleza física. Las calificaciones académicas al parecer ocupan un lugar irrelevante en la construcción de este perfil femenino, aunque cada día se van abriendo paso hacia un puesto más principal y relevante. El autor de estas líneas conoce a chicas que se empeñan en ocultar sus excelentes calificaciones académicas o que optan por disminuirlas un poco, con tal de que pasen inadvertidas a sus compañeros de clase y sean supuestamente mejor aceptadas por ellos.

inteligencia
femenina
minusvalorada

Si las revistas del corazón se atrevieran a hacer la apología de la inteligencia femenina –evaluada según los criterios escolares–, qué magnifica e imparable revolución surgiría de aquí. Mientras esto no suceda, continuará habiendo muchas chicas inteligentes, que no saben ni aprecian –sencillamente, porque lo ignoran– lo bien dotadas que están para el trabajo intelectual. Otra consecuencia de esta ignorancia es que tampoco rinden lo que debieran –no estiman ese rendimiento como un valor positivo–, tal vez por lo bajo que está en este ámbito su nivel de aspiraciones.

¿Asumen las chicas los anteriores valores, tal vez porque definen mejor la imagen estereotipada que tienen de lo femenino o porque atribuyen a ese perfil una mayor capacidad de suscitar la atracción de los chicos?, ¿no será tal vez que ese perfil es sobre el que gravitan las comparaciones que establecen entre ellas, constituyendo al fin un criterio competitivo de valoración con sus iguales, respecto de los chicos?

estereotipias,
valores y
configuración
de la propia
trayectoria

Es difícil responder a las anteriores cuestiones. El hecho es que los perfiles van moldeando un conjunto de criterios pragmáticos que, más allá de su formulación, contribuyen a condicionar la autoestima de los adolescentes, en función de su género.

Como consecuencia de ello sus respectivos comportamientos emprenden trayectorias muy diversas, algunas de las cuales dependen tanto de factores culturales como de ciertos factores biológicos. Este es el caso, por ejemplo, de otro hecho diferencial que les distingue entre ellos y que está relativamente bien arraigado, todavía en la actualidad. Me refiero, claro está, a la cuestión de *desear y ser deseado* por el otro/a. En el chico parece ser más intenso el deseo de estar con la chica, el mero hecho de desearla. La chica, en cambio, desea más ser deseada (por el chico) que desear. Esto está cambiando y, sin duda alguna, ha podido contribuir a modificar la incipiente dinámica de las relaciones que se establecen entre ellos, así como el modo en que unas y otros se comportan.

Al varón adolescente lo que le preocupa es encontrar una chica que le atraiga, que le guste, que le llene y, en consecuencia, que la desee. Al inicio, no se preocupará tanto de si una chica le desea a él o no. Es cierto que algo de esto sí le importa, pero más por lo que tiene de narcisista que por otra cosa. Luego, le preocupará más cuando efectivamente se sienta atraído por una chica, pero en ese caso no por sí mismo (por el sentimiento de valía personal), sino como condición de posibilidad del encuentro entre ellos, de la correspondencia mutua, y del porvenir de esa relación que acaban de iniciar.

Una investigación reciente ha puesto de manifiesto la evolución del deseo entre mujeres y hombres de edades comprendidas entre los 17 y los 60 años (Buss, 1997). Al jerarquizar los *rasgos prioritarios que las mujeres buscan en los hombres* se configura el siguiente inventario: personalidad, sentido del humor, sensibilidad, inteligencia y buen cuerpo. Este inventario es muy opuesto a los cinco *rasgos que las mujeres piensan que los hombres buscan en ellas*: buena apariencia, buen cuerpo, pechos, trasero y personalidad. El estudio comparativo de los anteriores inventarios pone de manifiesto que lo que la mujer parece buscar en el hombre en nada se parece a lo que –según ellas–, los hombres buscan en las mujeres.

Algo parecido ocurre en el caso del varón. Los *rasgos de las mujeres a los que los hombres dan una mayor prioridad*, en lo

realidad y expectativas del deseo masculino y del femenino

que se refiere a sus deseos, son los siguientes: personalidad, buena apariencia, inteligencia, sentido del humor y buen cuerpo. Por el contrario, lo que *los hombres suponen que las mujeres buscan en ellos* como rasgos prioritarios son los siguientes: personalidad, buen cuerpo, sentido del humor, sensibilidad y apariencia atractiva.

Ya se ve que tampoco hay aquí demasiadas coincidencias entre lo que se supone es el propio valor masculino (algo que atañe a la autoestima del varón) y lo supuesto por el hombre respecto de lo que es un valor masculino para la mujer (algo que atañe a la autoestima, del varón, pero en función de cómo le estima la mujer).

En cualquier caso, la estimación del varón respecto de su deseabilidad social es más acorde y emblemática con valores de mayor alcance o más puestos en razón, como son la personalidad y la inteligencia.

En cambio, el modelo de deseabilidad de la mujer –si hacemos caso a los resultados de esta investigación– resulta un poco más sesgada en lo que se refiere a los valores sobre los cuales construye su estimación. Más en concreto, las mujeres dan mayor relevancia a la personalidad e inteligencia del varón que a su físico. Como contraste, cuando la mujer trata de evaluar lo que supone que el varón busca en ellas, la personalidad aparece en último lugar y la inteligencia ni comparece. Sólo está presente en ese modelo el cuerpo femenino. Esto supone cuando menos un descenso inicial de la autoestima personal en la mujer respecto del hombre. A fin de no incurrir en un diagnóstico generalizado de infraestimación de lo femenino, habría que apelar al menos a una excesiva focalización de la atención del varón, que sólo se atiene al cuerpo de la mujer, con desatención o menosprecio de cualquier otra función o aspecto que no sea aquél.

distorsión cognitiva y autoestima

La *distorsión cognitiva* en el modo de desear y ser deseados de unos y otras está servida. El deseo, como es natural, tiene mucho que ver con el modo en que entre ellos se perciben. Pero ese particular modo de percepción puede estar más o menos condicionado por la cultura. Sin duda alguna, el modo de percibir condiciona el modo en que la persona se comporta. De acuerdo con estos datos surge una cierta contradicción o paradoja: que los varones estarían sensiblemente mejor fundamentados que las mujeres en lo que atañe al propio conocimiento y a las expectativas que formulan respecto de la mujer, contra todo lo que la tradición venía sosteniendo.

Otra cosa muy diferente es que la mujer obtenga mayor información del varón –que éste respecto de ella–, cuando ambos se encuentran. En efecto, se ha estudiado detenidamente lo que la chica y el chico perciben del otro, cuando se encuentran entre ellos, sin que antes se conocieran. El estudio se ha realizado con una rigurosa metodología y en circunstancias en que se han controlado numerosas variables, incluido el tiempo de exposición. Según esto, la mujer es más perspicaz y sagaz que el hombre y percibe muchos más detalles en el varón –que le ayudan a conocerlo mejor–, que el varón en ella.

¿Tiene esto algo que ver con la especial dotación de la mujer para lo concreto y el hombre para lo abstracto?, ¿es la mujer más inquisitiva y curiosa que el varón? ¿suceden así las cosas porque en las relaciones entre ellos, el hombre se comporta más como un animal casi exclusivamente visual, mientras que la mujer usa de otras muy diversas modalidades sensoriales, más eficaces respecto de la generación de intuiciones? Con los datos disponibles, es imposible responder a estas cuestiones.

Sea como fuere, el hecho es que las chicas adolescentes, en cambio, están más directamente atentas que los chicos al modo en que son miradas por ellos, especialmente si algún adolescente les gusta. Las adolescentes disponen, al parecer, de un *sexto sentido* para percibir el modo en que son percibidas por los chicos, de cuyas percepciones –reales o atribuidas– infieren si son deseadas o no y si, en consecuencia, se satisface o no su deseo de ser deseadas, de llamar la atención, de abrigar siquiera sea una leve esperanza acerca de si tienen o no posibilidad de gustar o no a alguien.

Esto no significa que si una adolescente intuye que un chico puede sentirse atraído por ella, de inmediato le guste por eso. En el fondo, ni uno ni otra se conocen, simplemente intuyen si se atraen o no. Por lo que sería un error que sólo sobre esta burda experiencia se autodestinasen recíprocamente entre ellos.

En todo caso, así comienza muchas veces esa historia de una larga saga familiar que tuvo su origen en esas circunstancias, a las que solemos referirnos con el término de *enamoramiento* (Polaino-Lorente, 1997).

En muchos casos el enamoramiento no acaba en nada, como es natural. Pero sí que sirve –y de forma ciertamente importante– para dirigir, consolidar o torcer la autoestima, todavía en formación, de muchos adolescentes, en virtud de cuál haya sido la experiencia que vivieron a propósito del enamoramiento.

3.12. Autoestima y rasgos que se atribuyen a lo masculino y lo femenino

He aquí uno de los muchos errores axiológicos disponibles sobre los que se construye de un modo equívoco la estima personal. La urdimbre de algunos de ellos hay que buscarla en ciertos determinantes erróneos de tipo cultural, especialmente de aquellos más vinculados a falsas atribuciones acerca de lo que es propio y tipifica, respectivamente, a lo masculino y a lo femenino.

En todo caso, hay otros muchos rasgos diferenciales entre hombre y mujer que la psicología diferencial ha desvelado y que, parcialmente, son todavía sostenibles. Muchos de estos rasgos diferenciales, en alguna forma, hacen sentir su peso sobre el modo en que se diversifica la estima en el hombre y la mujer.

En la **tabla 1** se citan algunos de los rasgos que, tradicionalmente, se atribuyen sólo a la mujer.

Tabla 1: Rasgos atribuidos a la mujer, que pueden contribuir a modificar su estima personal

1. Presentación de un aspecto corporal más juvenil, por la menor acentuación de sus rasgos faciales que el varón.
2. Mayor referencia a la intimidad que a la transformación del mundo.
3. Predominio de las modalidades sensoriales auditiva y táctil sobre la visual (que es más contemplativa y menos penetrante que la del varón).
4. Mayor especialización de las manos para acariciar, señalar, gesticular y comunicar.
5. Percepción de la temporalidad de forma más parsimoniosa, y a la espera del otro.
6. Preocupación por lo concreto.
7. Mayor focalización de la atención sobre su propio cuerpo (recinto del misterio de la maternidad).
8. Especial dotación para la acogida.
9. Mayor capacidad para colorear con los sentimientos todas sus acciones.
10. Mayor capacidad de integrar y vivir como un todo, sin independizarlas ni aislarlas, las propias vivencias y preocupaciones (percepción holística de lo que le acontece).
11. Especial desarrollo de su capacidad de memoria, especialmente en todo lo que se refiere a la afectividad.
12. Mayor impronta de la imaginación sobre lo que piensa, lo que parece dotarla de una especial intuición.

Es posible que muchos de estos rasgos se modifiquen en nuestra zarandeada evolución sociocultural, pero posiblemente otros sean también más estables y consistentes. Al parecer, estos rasgos contribuyen también a modalizar su autoestima personal de modo diverso. En ciertos aspectos la mujer manifiesta ser más vulnerable que el varón a la posible inestabilidad de su propia estimación, pero en otros se muestra más resistente, estable y consistente que aquél.

En la **tabla 2** se sintetizan algunos de los rasgos diferenciales que clásicamente se han atribuido al varón.

Tabla 2: Rasgos atribuidos al hombre, que pueden contribuir a modificar su estima personal

1. Presentación de un aspecto más maduro que la mujer de igual edad, por el vigor de su fuerte complexión ósea y la mayor acentuación de sus rasgos faciales.
2. Mayor orientación a la conquista y transformación del mundo.
3. Predominio de la modalidad sensorial visual sobre las otras modalidades, en lo que se refiere a sus relaciones con el otro sexo.
4. Especialización de la mano para el apresamiento, transporte, utilización y transformación de las realidades que encuentra.
5. Percepción de la temporalidad instantánea y fugaz, lo que le hace ser relativamente más impaciente.
6. Especial motivación por los temas abstractos.
7. Menor atención a las cosas que se refieren a su propio cuerpo.
8. Especial dotación para las realizaciones pragmáticas y transformadoras.
9. Facilidad para vivir, de forma independiente de su vida emocional, las diversas acciones que emprende.
10. Percepción puntual y aislada de lo que le acontece, sin que integre de un modo holístico los diversos acontecimientos y sucesos vitales.
11. Especial capacidad para la lógica y el pensamiento formal.
12. Facilidad para elevar a leyes generales los fenómenos que observa e inferir de ellos las necesarias estrategias para su útil aplicación.

Los anteriores rasgos generales son apenas un esbozo descriptivo –no del todo libres, probablemente, de ciertas estereotipias socioculturales– respecto de la singularidad masculina. También los rasgos que dibujan este perfil pueden hacer sentir su peso sobre el modo en que el varón, de acuerdo con ellos, configura su autoestima personal.

En todo caso, sirvan los anteriores perfiles a modo de orientación de las diferencias que tradicionalmente se les han atribuido al hombre y a la mujer en el modo de estimarse a sí mismos.

Es obvio que el modo en que cada persona se estima a sí misma ha de condicionar también el modo en que estima o manifiesta su estimación a los demás. Por eso cabría suponer que algunos de los sesgos que median las relaciones afectivas entre el hombre y la mujer, tal vez puedan encontrar aquí algún principio de explicación.

3.13. Estimación y errores en el encuentro entre adolescentes

Cuando así se procede, las relaciones humanas se desnaturalizan, por lo que no se da realmente un encuentro entre hombre y mujer. Lo más que acontece entre ellos, entonces, es apenas un contacto social tangencial. Sin llegar a encontrarse personalmente, se suscita un breve contacto entre dos mapas axiológicos bien diferentes, dos modos de entender la vida, dos constelaciones de actitudes tan diversas que, en principio, nada tienen que ver una con otra.

La autoestima que se deriva de este pseudoencuentro o desencuentro –de una magnitud insospechada en el caso de algunos adolescentes– puede llegar a marcarlos de forma un tanto significativa durante la siguiente década. Lo masculino y lo femenino que en estas circunstancias se concitan, a través de estas mediaciones, dejan de ser complementarios y hasta pudieran llegar a ser irreconciliables, por contradictorios.

pseudoencuentro y autoestima

Estos errores en el modo de concebir lo femenino y lo masculino pueden condicionar el modo en que conciben la autoestima los adolescentes. Varios son los errores que aquí se sustancian.

errores

En primer lugar, el error de *no ponerse en el lugar del otro* para desde allí intuir, con cierta verosimilitud, lo que el otro siente y experimenta y, en consecuencia, la forma en que es preciso valorarlo y comportarse con él.

En segundo lugar, el error de *desconocer en qué aspectos fundamenta el otro su autoestima,* así como los rasgos por los que más valora ser estimado. Es a través de este mutuo desconocimiento como se configura a veces la errónea experiencia del encuentro interpersonal entre adolescentes. El hecho de sentirse aceptados, comprendidos, valorados y queridos o no por el otro, depende de esto en muchos de ellos.

Y, en tercer lugar, el error de *vincular en exceso* e infortunadamente *su propio género con un determinando mapa cognitivo* acerca de lo que se considera que es el propio valor.

3.14. Roles, personas y relaciones interpersonales

confusión de los roles y el ser

Estos y otros errores son los que contribuyen a que los adolescentes confundan los *roles* con el *ser*. Pero los roles, en algunas circunstancias y personas, no sólo no protegen ni manifiestan el ser, sino que lo blindan y sofocan hasta casi ocultarlo y hacerlo opaco a la propia mirada.

En realidad, los roles masculinos y femeninos –así concebidos– hacen de la persona, en algún modo, un ser cautivo y rehén de sus circunstancias sociales. Esto dificulta todavía más las escasas posibilidades de que se suele disponer, en esa etapa de la vida adolescente, para el encuentro interpersonal.

aplicación en las relaciones entre padres e hijos

Algo análogo acontece en las relaciones entre ciertos padres e hijos y entre algunos profesores y alumnos. En ambos tipos de relaciones hay el peligro de que la persona sea reemplazada o sustituida por los roles que la representan. El hijo tal vez perciba a su padre sólo *sub specie* de la paternidad, sin que se percate que su padre es también persona y una persona muy singular. Algo parecido puede suceder a algunos padres, quienes perciben a sus respectivos hijos sólo sub specie de la filiación, como si todas sus peculiares características personales se agotasen en el hecho de que son sus hijos.

No ha de darse por sabido, por eso, que los hijos –como los padres– son también personas y personas singulares, irrepetibles y únicas. Aquí *las partes* –los roles, vinculaciones familiares o funciones desempeñadas– no debieran confundirse o tomarse por la persona entera (*el todo*), a las que aquellas supuestamente caracterizan y representan.

Podría predicarse algo parecido respecto de algunos profesores. Los alumnos tampoco agotan su ser personal en tanto que mero alumnos, de los que a veces el profesor ni siquiera conoce sus nombres. ¿Cómo puede estimárseles, si se ignora hasta cómo se llaman?, ¿cómo esforzarse por enseñarles, si no se les estima como debiera?

En los primeros días de clase de cada curso suelo interesarme por estos problemas de los alumnos y de mis compañeros, sus nuevos profesores. Transcurrido el primer mes de clase, suelo indagar si los alumnos ya conocen o no el nombre de sus respectivos profesores. En esas circunstancias me comporto como si no supiera muy bien quienes son los profesores que les han caído en suerte durante ese curso.

Al preguntarles si conocen sus nombres, comienzan las alambicadas y barrocas descripciones: "no sé cómo se llama, pero es un señor más bien bajo, de cara redonda y simpática, con gafas, que hace mucho ruido al andar porque lleva unos zapatos con gruesas suelas de gomas...". Con esto compruebo, una vez más, que los alumnos tampoco conocen cómo se llaman sus profesores. Y si no les conocen, ¿cómo podrán confiar en lo que los profesores les enseñan?, ¿cómo se motivarán a aprender de un desconocido, al que no estiman porque no le conocen? Y de no estimarlos, ¿cómo estimar los contenidos de lo que aprenden y el mismo hecho de aprender y sobre todo –lo que es más importante– a sí mismos, las personas que aprenden?

3.15. Encuentros y desencuentros en la estima masculina y femenina

Pero continuemos con esta cuestión acerca de la autoestima y el género. Estoy persuadido de que las mujeres constituyeron en el pasado un grupo injustamente infravalorado, que ha tenido

profesores y alumnos

necesidad de defenderse incrementando su autoestima. A la mujer se le ha preterido por el simple hecho de ser mujer o, todavía peor, por el modo en que se han concebido, atribuido y llevado a cabo los roles femeninos.

roles y biología

Los roles apenas si dependen de la biología. Los roles tienen que ver con lo que socialmente se espera del comportamiento de una persona. Los roles hacen referencia a las expectativas acerca de lo que es deseable socialmente en el modo de conducirse las personas, de acuerdo con un determinado estatus. Los roles consolidan funcionalmente el estatus que se tiene o representa, a la vez que dan una especie de coherencia pública al sistema y a la posición social que se ocupa dentro de él. En realidad, no hay roles sin estatus, ni estatus sin roles.

Esto significa que de la feminidad y masculinidad, del *género* se ha hecho un estatus, cuyos roles son lo masculino y lo femenino que se predica de cada persona, según su género de pertenencia. Pero a su vez, entender así lo masculino y lo femenino supone haber partido de un determinado modelo que muchas veces está implícito y no ha sido públicamente explicitado.

Sin embargo, es muy conveniente aceptarlo y seguirlo, pues de seguirlo o no depende, en muchos casos, la aceptación o exclusión social. Estos modelos, por no estar abiertamente proclamados, resultan un tanto ambiguos y se construyen y reconstruyen continuamente, sólo que según una evolución suficientemente parsimoniosa como para que no desencadenen ninguna alarma social.

De otra parte, dado que cada persona desempeña varias actividades diferentes –cada una de las cuales es específica de un cierto estatus–, y cada estatus exige roles muy variados, habrá que concluir que en cada persona conviven múltiples roles, simultánea y sucesivamente. Esta complejidad –muy común, por otra parte, en la azacanada vida de las personas en la sociedad actual– transforma los roles en algo casi equívoco, dada la multiplicidad que les adorna y en la que es muy fácil perderse. Tanto más, si además consideramos las vertiginosas y profundas transformaciones a que el hombre contemporáneo está sometido. De aquí, la conveniencia de apelar a una instancia abrazadora e integradora de todos ellos, desde la cual sea posible reducir esa equivocidad a la unidad, coherencia e identidad de la persona.

Hasta hace bien poco, la sociedad ha seguido un diseño que fue realizado por los hombres. A la mujer se le puso una especie de sello en la frente con las siglas *SL* (sus labores), y se le apartó del trabajo y de la cultura, todo lo cual constituyó un injusto y lamentable agravio comparativo.

evolución en
el rol femenino

Todavía hoy, la mujer encuentra mayores dificultades para trabajar que el hombre, aunque en menor proporción que en recientes etapas anteriores. Todavía hoy, mujeres y hombres con el mismo rango profesional, con idénticas *curricula* y con la misma potencialidad creativa perciben salarios diferentes, casi siempre a favor del hombre.

Pero, ¿es esto lo único que acontece en el momento presente? Considero que no. El problema es mucho más complejo y no cabe reducirlo a sólo estas flagrantes e injustas diferencias, aunque también éstas puedan condicionar y ser responsables de una cierta infraestimación por parte de la mujer.

Mi experiencia en el ámbito de la universidad, de la terapia familiar y de la psiquiatría clínica se ha modificado en la última década. La mujer también ha cambiado –¡y mucho!– en lo relativo a este problema, durante los últimos años.

Los roles femeninos se han transformado también de forma radical, arrastrados probablemente por el cambio de actitudes que aconteció en la mujer y en el varón. Los roles femeninos se han lanzado hacia un proyecto y tras el logro de unas metas –que tal vez no sean las más acertadas ni para la mujer ni para el hombre–, continúa y persiste el progresivo cambio. Estos cambios –muchos de ellos necesarios y acertados, otros no– han infringido, probablemente sin proponérselo, una grave vejación en algunos hombres y mujeres.

crisis de la
masculinidad

Como consecuencia de ellos, la *crisis de la masculinidad* es hoy más patente que la de la feminidad. En el momento presente el hombre está más es crisis que la mujer. Es el hombre el que ha quebrado su identidad o está a punto de perderla. Este diagnóstico fatal ha posibilitado a algunos que propicien la consigna de "hay que construir una nueva masculinidad", como si eso fuese una fácil solución (Polaino-Lorente, 2003a).

Hay algunos indicadores sociales como, por ejemplo, la mayor incidencia del comportamiento homosexual masculino, que avalan la gravedad de la actual crisis de la masculinidad. Ciertamente, esta crisis no ha caído del cielo, sino que tiene también unas causas, que habrá que seguir estudiando. Una de ellas, sin duda alguna, es la crisis que sufrió la mujer en la década de los sesenta, crisis de la que todavía no se ha recuperado del todo, aunque la conlleve bastante mejor que el hombre –por la diferencia capacidad adaptativa de ambos–, y para muchos continúe pasando inadvertida.

Quien primero puso en crisis su identidad fue la mujer, algunas de cuyas consecuencias todavía hoy condicionan el descenso de su autoestima. Algunas mujeres no saben a qué atenerse, porque ignoran cuál es el objeto de sus vidas y cuáles son los fines que se proponen alcanzar. A pesar de esto, la mayoría de ellas, naturalmente, quiere todavía casarse. ¿Tiene algo de particular que algunos de los efectos de aquella crisis se hayan trasladado y salpicado al hombre, dificultando así el ajuste recíproco en la pareja?

complementariedad

Si hay un conflicto no resuelto en la identidad de la mujer, antes o después lo habrá también en el varón, y viceversa. Hombre y mujer son dos piezas que están llamadas a complementarse, y para que acontezca ese recíproco ensamblaje necesitan de un sutil ajuste previo entre ellos. Si una de esas figuras se modifica, la otra forzosamente también lo hará, pues de lo contrario el ensamblaje no se produciría. En este ensamblaje está en juego la mutua adaptación de los esposos, su felicidad como pareja, la estima recíproca que ha de haber entre ambos y, como consecuencia de todo ello, la autoestima personal de cada uno de ellos.

Si se lleva a cabo una *guerra entre los sexos* disminuirá mucho la posibilidad de que mujer y varón puedan ser felices. Es conocido que en cualquier universidad americana numerosas alumnas se integran hoy en grupos y asociaciones feministas un tanto radicales. Además, la legislación les ampara, puesto que el respeto a las minorías es allí una cuestión indiscutible. Algunas de esas asociaciones han dificultado el diálogo con los varones.

El asociacionismo feminista ha suscitado la emergencia del asociacionismo masculino, que se ha extendido también en el ámbito universitario, durante la última década. Esto, qué duda cabe, hace daño a todos. El hombre y la mujer son iguales como personas, iguales ante el derecho, la ley, el trabajo, la cultura, la política, etc., porque ambos tienen la misma dignidad –la dignidad de persona–, que en modo alguno es renunciable, y que tampoco debiera ser manipulada.

Pero en otro orden de cosas, el hombre y la mujer son personas diferentes, especialmente en lo que hace relación a su modo de ser, sentir y conducirse, en su funcionamiento cerebral y en su capacidad de adaptación, es decir, en todo aquello que, hundiendo sus raíces en las diferencias biológicas que les distinguen, se muestra luego en todos los niveles.

A lo que parece, es bueno que existan esas diferencias, hasta el punto de que también ellas debieran estimarse cuanto sea conveniente, a fin de que puedan sostener los diversos modos en que una y otro se autoestiman. Estas diferencias ni separan ni distancian a las mujeres de los hombres, sino que los unen y perfeccionan, haciendo de ellos lo que propiamente son: personas que se complementan. De no darse tampoco esas diferencias en la forma de estimarse cada uno de ellos, se sofocaría la emergencia de esa *complementariedad*, que tanto favorece el encuentro y la ayuda entre ellos.

Por tanto, favorece el desencuentro entre ellos el que se trate de anular esas diferencias o se subraye de forma antinatural el igualitarismo –como pretendieron algunos antiguos movimientos feministas–, pues esto dificulta e impide la complementariedad; el hombre no podrá ayudar a la mujer, ni la mujer al hombre. Con la supuesta *guerra de sexos* nadie gana y todos pierden.

Otra cosa muy diferente es que en lo jurídico, político y cultural la mujer pelee en favor de sus derechos. Sería un lamentable error, no obstante, que en esa pelea la mujer yerre y trate más de imitar al varón –para mejor competir así con él, según suponen algunas–, que profundizar en el diverso pluralismo, todavía no manifestado, que subyace en su ser natural como mujer. De proseguir así, lo que se generará es un modelo masculinizado de mujer, que tal vez vaya seguido en el varón de la adopción o emergencia de un modelo feminizado de hombre.

confusión de género y anulación de roles propios

Esta transposición y confusión de género –o mejor, de roles acerca del género– más que servir a la complementariedad entre el hombre y la mujer, contribuyen a su anulación e imposibilidad. ¿Cómo continuar autoestimándose, entonces, una vez que la propia identidad se ha desvanecido, por borrarse o hacerse más imprecisos sus contornos más característicos?

Las autoestimas masculina y femenina también quedan afectadas por la evolución de los propios roles. Ya se ve que esto de los roles no es tan superficial como parece. No se trata, pues, de emular, comparar, imitar o asumir los roles del otro género. Se trata tan sólo de tomar conciencia de la propia identidad para tratar de conducirse de acuerdo con ella.

machismo y baja autoestima

Llegados a este punto, tal vez convenga preguntarse: ¿qué relación puede haber entre el machismo del marido y la baja autoestima de algunas mujeres?, ¿puede darse alguna relación entre la infraestima masculina y el machismo de ciertas mujeres? En términos generales, tal vez puede parecer que ninguna. Pero una reflexión más atenta y profunda es probable que desvele algunas claves en esa relación.

En efecto, muchas mujeres que en la actualidad se subestiman o no estiman lo suficiente muchas de las cualidades positivas de que están dotadas, lo hacen como consecuencia de los roles y representaciones sociales a que estuvieron sometidas, porque así *se estimó* en el pasado que era conveniente para ellas. Tal subestimación está parcialmente condicionada por estos *juegos sociales* acerca de los roles.

Es más, probablemente en nuestro país todavía hay algunas mujeres *machistas* que han adoptado esas actitudes como consecuencia de la presión social que soportaron desde su infancia. No es que los hombres *machistas* les hayan impuesto por la fuerza su modelo personal de cómo ha de ser una mujer, sino que algunas mujeres han sido educadas en esos supuestos valores que, en principio, eran los que habían de distinguir y caracterizar al tipo de mujer bien educada.

Pero una vez que sus vidas han seguido este curso, un día se encuentran con que no desean trabajar fuera de casa ni tampoco dedicarse a las tareas domésticas como la atención familiar, educación de los hijos, etc. Puede afirmarse que en ciertos contextos actuales las mujeres desestiman dedicarse a estas tareas; algunas incluso las odian. He aquí una de las muchas paradojas actuales.

Otro de los grandes problemas es que el ama de casa ha dejado de considerar como propio y digno de ella –sin duda alguna, porque la sociedad jamás le otorgó el valor que le era debido a estas prestaciones fundamentales–, algunas relevantes funciones familiares de las que dependía el que aquella casa funcionara o no.

Todo eso ahora está en discusión. Asistimos más bien, a un rechazo frontal de las tareas del hogar por parte de muchas mujeres –cualquiera que sea su edad, incluidas aquellas que lo han hecho durante toda su vida. Muchas de ellas sostienen que la casa es un fastidio, que meterse en la cocina les resulta insoportable, que están hartas y que esas actividades las tienen aburridas. He aquí un discurso en el que se ponen de manifiesto, directa o indirectamente, los valores que aprecian y los antivalores que desestiman. Pero si a algunas de ellas se les ofreciera hacer lo mismo en otra institución, justamente remuneradas, entonces con harta frecuencia modificarían la anterior valoración.

Es cierto que en España hay todavía mucho machismo. Quizás, como consecuencia de que el varón español es *muy difícil de domesticar*, tal vez por el puesto señero que ocuparon en el mapa cognitivo de la masculinidad ciertas virtudes que, no con mucha razón, se asociaron en exclusividad a los roles masculinos. Pero acaso también porque, de acuerdo con ese inventario de lo masculino, el mapa cognitivo y axiológico de la mujer –lo que entretejió y configuró los roles femeninos– se moduló de acuerdo con aquél. De aquí que el cambio de actitudes que ahora se precisa encuentre tantos obstáculos para abrirse paso y sea de tan difícil diseño.

La solución tal vez se alcance por otra vía más rápida y eficaz: la introducción entre los futuros matrimonios de un nuevo estilo educativo en el que ambos formen a los hijos, de acuerdo con las necesidades perentorias de la actual situación cultural. De no hacerlo así, el autor de estas líneas se malicia que el machismo español continuará y se sucederá a sí mismo. Para este propósito, es también conveniente que la mujer abandone la impostura significada por ese *machismo* indebidamente apropiado, en el que, de forma tan extraña, algunas militan.

peligros de las
ideologías

Ni el feminismo ni el machismo se muestran hoy como soluciones eficaces para subir el listón de la autoestima masculina y femenina. Más bien sucede lo contrario: allí donde una u otra ideología está presente, la autoestima se desvanece y los conflictos conyugales se acrecen. Esto no es nada nuevo. Simplemente, pone de manifiesto algo que ya sabíamos desde antiguo: que *allí donde la ciencia no está presente está cerca la ideología*. Pero sería insensato conferir ciertas expectativas a las ideologías –por obsoletas– y, todavía peor, abandonarse a ellas, para obtener una eficaz solución a tan graves problemas.

En cualquier caso, los cambios de roles no pueden decretarse sin más ni más, ni de un día para otro. Es mucho –acaso demasiado– lo que está en juego para la entera humanidad en esta transformación de los roles femenino y masculino. Muchos cambios serán bienvenidos, sin duda alguna, porque nos ayudarán a progresar en la dignidad del hombre y de la mujer.

Pero en lo que se refiere a otros –aquellos que están más especialmente vinculados o mejor arraigados en las características biológicas diferenciales del hombre y la mujer–, tal transformación podría suponer una incontestable amenaza, incluso cierta quiebra para las respectivas identidades de la mujer y del varón. No parece conveniente hacer experimentos en materia tan delicada. Entre otras cosas, porque todavía ignoramos qué elementos de esos roles dependen más de ciertos factores socioculturales o se fundamentan e hincan sus raíces, de modo firme y robusto, en la estructura biológica de la persona.

3.16. Un ejemplo de terapia familiar

A este respecto, he tenido ocasión de conocer, en el contexto de la terapia familiar, a algunas parejas que han fracasado en su matrimonio –que lo han arruinado hasta disolverlo–, como consecuencia, entre otros factores, de estas repentinas y bien calculadas transformaciones en el ámbito de sus respectivos roles.

Citaré, a modo de ejemplo, un caso reciente que fue atendido en terapia de pareja. Se trataba de un joven matrimonio en que ambos trabajaban y estaban comenzando a abrirse paso en la vida profesional. La mujer percibía unos honorarios más cuantiosos que su marido, a pesar de que su horario laboral era menos exigente. Apenas contrajeron matrimonio, trataron de organizar su vida conyugal de la forma más racional, habida cuenta que ambos eran universitarios.

Para ello hicieron un inventario minucioso en el que hasta la más pequeña de las tareas domésticas estuviera allí incluida. En función del grado de dificultad que cada una de ellas comportaba y del tiempo que exigía su realización, les fue asignada una determinada puntuación a esas actividades domésticas. Luego, suscribieron el acuerdo de que como ambos trabajaban profesionalmente, la realización de las actividades familiares y domésticas se distribuiría entre ambos al 50%.

De acuerdo con lo pactado, si al llegar el fin de semana uno de los cónyuges había lucrado menos puntos –por haber realizado menos actividades en casa–, entonces destinaría su tiempo libre a completar las tareas que le faltaban hasta alcanzar el cómputo establecido, mientras el otro cónyuge se entregaba –con total independencia– a su descanso personal.

El acuerdo se cumplió escrupulosamente por ambas partes durante los tres primeros meses de matrimonio. Aunque no sin un coste adicional que llegó a afectar gravemente la convivencia entre ellos. Al fin, el marido se veía obligado a trabajar durante los fines de semana para completar su igualitaria dedicación a la familia.

Un poco después comenzó a entender que su casa parecía más una cooperativa que una familia, y que las relaciones con su mujer eran más difíciles que con la patronal de la empresa donde trabajaba. En definitiva, que su mujer no le estimaba, que era muy difícil encontrar un gesto de amor en sus relaciones conyugales.

Dada la situación, un día decidió expresarse de la forma más clara posible, de manera que su mujer le entendiera. Pero su mujer se negó a modificar los anteriores acuerdos establecidos entre ellos, por lo que el esposo le espetó lo que sigue: "Si seguimos con el reparto equitativo de las tareas domésticas, nuestra vida será cualquier cosa menos un matrimonio bien avenido. Esto no es lo que tú y yo soñamos antes de casarnos. Por consiguiente, si no estás dispuesta a que nos organicemos de otro modo, a partir de ahora tú te marchas con tu madre y yo con la mía". Y esto fue lo que acabaron por hacer. A ello siguió una demanda de separación y, posteriormente, el divorcio. En este caso la terapia de pareja resultó inútil.

No, no parece que desde la perspectiva de la autoestima, pueda el matrimonio organizarse como una empresa. El matrimonio no es una empresa ni una cooperativa. El matrimonio tampoco es una sociedad laboral, en la que cada tres meses puedan rotar los empleados y asumir nuevas y diversas responsabilidades.

El matrimonio es una comunidad de amor. Una comunidad de esta naturaleza no puede regirse por un reglamento laboral, en el que estén especificadas todas y cada una de las prestaciones a las que sus socios y empleados se comprometen. Y esto con independencia de que el reparto de esas responsabilidades entre el marido y la mujer sea o no equitativo. Una organización así desnaturaliza la esencia misma del matrimonio, porque lo vacía del amor que es su finalidad esencial y más necesaria.

matrimonio, comunidad de amor

Baste recordar aquí que amar no es nada más que autoexpropiarse en favor del otro, perder la titularidad de la propiedad que cada una de las personas tiene sobre ella misma para donarla al otro, a la vez que acepta la propiedad que el otro le dona, de acuerdo con el pacto que hicieron. Esto es lo que en verdad funda la autoestima de los cónyuges, la estimación de los esposos entre sí, la estimación por su matrimonio y la estima por la propia estima conyugal.

4

Lo que no es la autoestima

4.1. Introducción

Hay muchos conceptos que forman parte de la autoestima aunque se silencien por algunos autores, de un modo sistemático, en su exposición. Omitir cualquier referencia a ellos hace un flaco servicio a la autoestima puesto que, en cierto modo, tal ausencia contribuye todavía más a la confusión y, a su través, a la desorientación de muchas personas.

ausencias nocivas en el tratamiento de concepto de autoestima

Las líneas que siguen se atendrán a la exposición de aquellos que parecen ser más relevantes. Se trata de conceptos que ponen de manifiesto aspectos del comportamiento humano, por otra parte muy frecuentes, en lo que hace referencia al modo en que se estima la persona a sí misma.

Si se conocieran mejor, si no se marginaran sistemáticamente, sería preciso admitir que no todo es positivo en la autoestima o, por mejor decir, que hay una autoestima que no es positiva sino negativa, que no contribuye a la dignidad humana sino a su indignidad, que hace un flaco servicio a la persona, pues la conduce a donde no debería conducirla: a la infelicidad.

James (1890) se refiere a algunos de estos conceptos (vanidad, orgullo social y familiar, vanagloria, etc.), con ocasión de explicitar un poco más el contenido de los diversos tipos de autoestima que propuso. Esto mismo es lo que se quiso significar con ciertos conceptos clásicos que tal vez hoy han caído en desuso (como *orgullo, amor propio, soberbia, vanagloria, autoexaltación, vanidad*, etc.), pero cuya vigencia personal y social son indiscutibles.

Estudiaremos a continuación algunos de los factores que están como enrocados en la autoestima y forman o pueden formar parte de ella (aunque de tipo negativo) y que, sin duda alguna, pueden confundirse con ella. En realidad, los *rasgos negativos* que a continuación se ofrecen, debieran distinguirse de la autoestima, porque son más bien cuestiones elementales de la antropología realista de siempre, que no debieran haberse olvidado, ignorado o desatendido, tal y como ahora parece suceder.

4.2. La vanagloria

Por lo general, una persona que se estime mucho a sí misma, tiene bastante riesgo de que su autoestima sea parasitada por la vanagloria. El término vanagloria (gloria vana) es definido en el *Diccionario de la lengua española* de la RAE (2001) como "jactancia del propio valer u obrar".

El término ha caído en desuso en la actualidad, pero ¿significa eso que las personas han dejado de jactarse de los resultados que obtienen, de lo bien que conducen o de lo inteligentes que son?, ¿es que tal vez el hombre y la mujer, llegada la plenitud de la posmodernidad, han madurado tanto, se conocen tan bien a sí mismos, que ya sólo se estiman en aquello que es verdadero y, además, de forma justa, sin jactancia alguna?, ¿puede sostenerse acaso que la vanagloria ha desaparecido en la sociedad actual?

No, a lo que parece, la vanagloria continúa, aunque no se hable de ella. También aquí hemos asistido a un secuestro o manipulación del lenguaje, como consecuencia del cual el concepto de *vanagloria* ha sido reemplazado por el de autoestima y, de momento, nada más.

agigantamiento del yo

Una persona que sea muy valiosa es probable que también trabaje mucho y que se estime en lo que realmente vale. Pero qué habría que pensar si todo el esfuerzo que realiza su poderosa y brillante inteligencia se ordena exclusivamente al fortalecimiento y agigantamiento de su propio *yo*. ¿Cómo juzgarle, entonces?, ¿está comportándose de acuerdo con su estima o a favor de su vanagloria?

Algo parecido sucede respecto de la educación de los hijos. Es conveniente, desde luego, que los hijos crezcan en autoestima. Para este propósito parece pertinente manifestarles, de vez en cuando, lo mucho que valen, lo inteligentes y guapos que son, lo ordenada y generosa que es su conducta, etc. Pero, ¿es conveniente hablarles sólo *en positivo*, para que su autoestima crezca?, ¿se conocerán mejor si se omite cualquier información acerca de sus defectos? Con este modo de educarles, ¿se estimarán en justicia a sí mismos?

Si sólo se les habla *en positivo* es harto probable que se arrojen en los brazos de la vanagloria, que se consideren perfectos cuando no lo son, y que sufran luego cierto desajuste al tener que convivir con otros en un medio que casi nunca les habla en positivo.

Si no se les entrena en conocerse mejor –y en conocer también los propios errores y defectos– cuando salgan a la calle y el conductor del autobús, el panadero, o un compañero les lleven la contraria o les corrijan en algo, ¿no se frustrará mucho más? Y si se frustran demasiado por no disponer de ningún sistema inmunológico defensivo para su propio *yo*, ¿cómo responderán a esa frustración?, ¿no percibirán la perplejidad de quienes no le estiman y valoran como ellos consideran que se merecen? Es muy probable que ante esa frustración responda con una conducta desajustada, conflictiva o tal vez antisocial. ¿A qué ha conducido esta forma de educarles?, ¿a incrementar su autoestima o su vanagloria?

Algo parecido sucede en las personas adultas. Basta con observar cualquiera de esas *tertulias* que se exhiben en televisión. ¿Cómo es posible que las personas que participan en esas tertulias aborden las numerosas cuestiones de que allí se trata y sean expertos en todas ellas?, ¿por qué se quitan unos a otros la palabra?, ¿por qué hablan varios al mismo tiempo?, ¿por qué incluso gritan, se desca-

valoración real

lifican y ofenden unos a otros?, ¿por la *verdad* de lo que se está afirmando, por el respeto que cada uno ha de tenerse a sí mismo, o quizás por defender y hacer crecer la propia imagen?, ¿de qué dependen sus comportamientos, en esos casos: de la autoestima o de la vanagloria?

En gran parte, la autoestima crece en función de la estima que respecto de ella la persona percibe en los demás. Como se ha observado ya, no puede haber estima de uno mismo sin que los otros le estimen. La experiencia de cómo le han estimado los otros es, a este respecto, fundamental. De aquí que, desde la perspectiva de la educación, cada día se enfatice más la relevancia de la *educación emocional*, hasta el punto de ser la inspiradora en algunos casos de ciertas reformas educativas (Asensio Aguilera, 2002; Mèlich, Palou, Poch y Fons, 2001).

padres y profesores

Sin embargo, los padres y profesores no debieran convertirse en meros aduladores de sus hijos y alumnos. Se les adula cuando se les dice sólo lo que desean oír, lo que les regala el oído y eso se hace con exageración y de forma inmoderada. Con esto se les hace daño, además de que, en cierto modo, se les miente.

Si un alumno no es simpático, pienso que sería una monstruosidad decirle que lo es. Primero, porque puede acabar por creérselo, lo que dificultará más aún su conocimiento personal; segundo, porque sufrirá más, como consecuencia de que sus expectativas acerca de la supuesta simpatía, que no tiene, no serán satisfechas por sus compañeros; y tercero, porque acabará por descubrir la mentira de la alabanza que se le hizo y desconfiará de todo lo que le pueda decir en lo sucesivo esa persona.

De otra parte, intentar que la gente le alabe precisamente por aquella virtud que no tiene es una mera utopía. Es mejor, por eso, decir siempre la verdad, hacerle conocer en qué cosas es bueno, en qué apenas una medianía y en cuáles ha de tratar de mejorar por no ser aquello bueno para él. Es así como se le ayuda a que se conozca a sí mismo.

Sería conveniente también, que padres y profesores estudiasen el modo en que el chico se comporta cuando recibe una determinada alabanza. Hay alumnos que cuando reciben una alabanza con fundamento, la consideran casi siempre como inmerecida. Otros, en cambio, si reciben una alabanza sin fundamento alguno, piensan que lo que se les ha dicho es cierto. Una y otra forma de responder suelen ser frecuentes entre los jóvenes, aunque también en muchas personas adultas.

El comportamiento de los primeros no implica que estén bajos en autoestima. Significa tan solo que son más resistentes a la estimación que los demás les manifiestan, que es probable que se vanaglorien menos de sí mismos y, en consecuencia, es previsible que su conducta se atenga mejor a la realidad y, por eso, se adapte a ella también mejor.

El comportamiento de los segundos hace suponer que su estima es alta, pero está mal fundada, porque se la hace depender no del conocimiento personal, sino de lo que los demás les digan. En consecuencia, demuestran ser mucho más vulnerables a la vanagloria y también más ingenuos y dependientes de las opiniones ajenas.

En la cuestión de la autoestima puede afirmarse que todos somos en algún modo y de forma sucesiva y simultánea, espectadores, autores y actores. Somos *espectadores,* porque sin casi quererlo, juzgamos de inmediato a las personas con las que nos relacionamos, y casi siempre sin fundamento, sin el necesario conocimiento del otro. Y ello con independencia de que a causa de nuestros juicios y prejuicios contribuyamos a modificar la autoestima de la otra persona.

Somos *autores,* porque con nuestras interacciones y relaciones creamos un cierto tejido social útil o ineficaz para la génesis y desarrollo de la estima de los demás.

Somos *actores,* porque parte de lo que realizamos lo hacemos en función de quiénes estén a nuestro alrededor. No se comporta un alumno igual cuando está jugando al fútbol que cuando está

espectadores, autores y actores en la cuestión de la autoestima

117

en casa con sus padres. Es desde luego la misma persona, pero su comportamiento no es el mismo. La vanagloria puede envolver a cualquier persona con su poderoso e inconsciente halo, en cualesquiera de estas diversas circunstancias.

Ahora bien, no hay actor sin público, como no hay autoestima sin un alguien que la experimente. Esta es la exigencia de todo lo que se está afirmando. Si una persona, por ejemplo, se encierra en su habitación, y a sí misma se dice: "voy a intentar comportarme como si estuviera dirigiendo un concierto en Berlín", es harto probable que su autoestima no mejore por eso, pero sí su vanagloria. Con independencia de que en esa ficción su conducta no sea igual que si realmente dirigiera tal concierto, el hecho es que puede llegar a vivir esa experiencia, en el ámbito de sus fantasías y representaciones. Y esto sí que puede contribuir a aumentar su vanagloria, aunque sólo sea una vanagloria fantástica.

contexto

De ordinario, el modo en que las personas matizan su conducta personal depende del contexto, de las personas con quienes estén. Esto significa que el actor depende del espectador, que nos comportamos como tal o cual actor en función de los espectadores que nos acompañan. El problema emerge cuando la persona se comporta *sólo en función* de los espectadores que le acompañan. En ese caso, la vanagloria casi siempre se hace presente, porque el entero comportamiento se orienta, entonces, en función del público al que se intenta agradar, en otras palabras, cuando sólo se busca el *quedar bien*.

quedar bien

Tratar de *quedar bien* significa intentar provocar en los demás un juicio benevolente acerca de la propia persona, más allá y más acá de lo que ella en realidad valga. La búsqueda del aplauso, el anhelo por ser la persona más aplaudida de aquella reunión es un excelente indicador de la presencia de la vanagloria.

Esto tiene una gran importancia en la actual sociedad. Hay personas que piensan —especialmente en temas relativos a la política, la fe o la religión— de una determinada manera, pero son incapaces de manifestarlo en público. Acaso estimen más su vanagloria que su autoestima. Por eso, para no granjearse enemistad alguna, para *no quedar en ridículo*, para que no les tachen de nada, silencian sus opiniones y creencias como si de repente hubieran desaparecido. Tal tipo de comportamiento es, desde luego, un tanto cobarde, aunque eso importe ahora menos. Lo cierto es que al comportarse así desestiman sus convicciones y opiniones –lo que conlleva la subestimación de sí mismo– por estimar en más su imagen personal, el qué dirán de ella, es decir, su vanagloria.

Si lo que más le importa a la persona es que la comunidad la acepte, entonces hará lo que la comunidad quiera. Pero toda comunidad social suele tener un alto nivel ético. La comunidad, por lo general, *no quiere tener problemas* y, por eso, no quiere lo difícil sino lo fácil; lo que desea también es que le acaricien los oídos. Si las personas peleáramos un poco más contra la vanagloria y estimásemos un poco más la propia autoestima, mejoraría la sociedad y mejoraría la autoestima de los ciudadanos. Si a los ciudadanos les importase menos las calificaciones sociales y la estimación en que los demás le puedan tener, sin duda alguna serían también más libres e independientes.

aceptación social

Por eso, parece pertinente responder a la siguiente pregunta: ¿Qué nos importa más, el propio juicio, lo que en verdad cada uno piensa de sí mismo o el juicio de los demás? Este es, en el fondo, el criterio que define la presencia o no de la vanagloria en las personas.

Sin duda alguna, es conveniente abrir los oídos y acoger lo que los demás nos aconsejan, porque también gracias a ellos nos conocemos mejor. Pero en última instancia, ¿quién nos juzga?, ¿cuál es el juez, cuyo veredicto más nos importa? Desde luego, no el público de espectadores, que además es muy versátil: hoy tal vez te alabe y mañana, quizás, haga leña del árbol caído que es tu misma persona. ¿Para qué, entonces, depender tanto de la vanagloria?

Importa mucho más lo que cada persona piense de sí misma, el juicio que la conciencia personal hace del propio yo y de las omisiones y acciones por él realizadas. Quien nos juzga de forma inexorable es nuestra conciencia. Somos nosotros mismos los que, conforme a ella, experimentamos si nuestra conducta ha sido o no valiosa, si lo que realizamos en aquella ocasión vale la pena de ser estimado o desestimado.

Tal vez por eso –porque la conciencia es la más justa, cercana e inapelable instancia juzgadora–, cuando tenemos que juzgar a alguien, suframos tantas dudas e indecisiones, si somos coherentes.

Nada de extraño tiene que en el juicio que cada cual hace de sí mismo, en ese primer acto inmediato o remoto de la propia conciencia, la estima personal sufra su veredicto y la realización humana su sentencia.

Se entiende que la propia conciencia ha de estar bien formada, es decir, que su actividad judicativa respecto de lo que es *bueno* o *malo*, descansa en unos principios que no se ha dado la persona a sí misma. Son principios que en parte son naturales y en parte no, porque ninguna persona puede determinar por sí sola qué es bueno y qué es malo. *Sin ley no puede haber conciencia.* Pero *ninguna conciencia puede darse a sí misma la ley.* Lo que significa que la conciencia humana no es tan autónoma y mucho menos ontónoma, es decir, que no se da a sí misma las normas por las que ha de regirse, percatarse o siquiera juzgar lo que juzga.

Después de lo que se ha afirmado parece claro que la vanagloria tiene que ver nada o muy poco con la autoestima. Existe, más bien, una relación inversa entre la vanagloria y la autoestima. Cuando la vanagloria aumenta, la autoestima decrece. Mucha razón tenía Tito Livio al afirmar, por eso, que "quien desdeña la gloria vana, tendrá la gloria verdadera".

4.3. El amor propio

Se ha afirmado, líneas atrás, que la persona se ama a sí misma por encima de todas las personas y cosas. Y esto parece constituir una ley universal. En el fondo, el *amor propio* no es sino una manifestación de ello: *el deseo de autoafirmarse a sí mismo.* Ahora bien, una persona que quiera afirmarse a sí misma es que no está todavía en sí misma afirmada, que depende de los demás, que no tiene en ella misma la razón de su origen.

Por el contrario, una persona que está realmente afirmada y que se siente segura de ella misma, no necesita afirmarse. El amor propio es en muchas ocasiones mera autoafirmación, conforme al modo en que la persona se sobrestima.

Otras veces, el excesivo amor propio desvela una especie de *complejo de inferioridad,* desde el que se considera que si no queda por encima de los demás no se prueba en modo suficiente la propia valía personal. El amor propio es amor del *yo* por el *yo,* lo que en verdad infla al propio *yo.*

complejo de inferioridad

El amor propio se nos revela como *voluntarismo no inteligente,* como una poderosa energía egótica e irracional al servicio del propio *yo.* Hay aquí un cierto *irracionalismo voluntarista,* que manifiesta que la voluntad no está conectada con la inteligencia. Lo único que desea el amor propio es afirmarse en sí mismo, con independencia de que tenga razón o no. Se trata de satisfacer, como sea, esa enfermiza necesidad que tiene el *yo* de estar por encima de todos. De aquí que *no dé su brazo a torcer,* a pesar de que con esa actitud se generen muchas discusiones y conflictos. La discusión tal vez se termine con la acostumbrada afirmación, que no parte de la racionalidad, sino del amor propio, y que enfáticamente sostiene: "para ti la perra gorda".

irracionalismo voluntarista

Hay una expresión que es muy empleada entre nosotros, en España: la que simplemente dice *porque sí,* es decir, a la pregunta de porqué una cosa es así y no puede ser de otra forma, la explicación que se da es *porque sí.* La *razón* que de ello se da no es otra que la del propio *Yo* que dice sí, y al decirlo ha de ser así. He aquí la única garantía racional de todo ese largo discurso. Esto en modo alguno es racionalidad; esto es *voluntarismo irracionalista del* yo.

Con ello no se está haciendo crecer la autoestima personal, sino tan sólo el amor propio. Incluso podría ocurrir que, como consecuencia de esa forzada afirmación de sí mismo, la autoestima decreciera. ¿Para qué sirve que crezca el amor propio si ese crecimiento supone disminuir la estima personal y sentirse mucho peor consigo mismo?, ¿tiene esto sentido?

Esto es lo que acontece en concreto en la vida social de muchas personas y en las relaciones familiares, especialmente entre padres e hijos adolescentes. El agigantamiento del *yo* hace mucho daño, principalmente al mismo *yo*. Con mucha razón dice por eso San Francisco de Sales que "los pensamientos que nos angustian no vienen de Dios (...), sino que traen su origen o del demonio o del amor propio, o de la estima que de nosotros mismos tenemos".

la mentira del amor propio

El amor propio es una mentira, porque nadie vale más que nadie. Por consiguiente, no parece que sea posible que una persona quede por encima de la otra, al menos en lo que atañe a su totalidad, en cuanto que tal persona. En realidad, nadie debiera compararse con nadie, sencillamente por una imposibilidad casi metafísica, ya que cada persona es irrepetible y única, como único es su código genético y única es su libertad y, especialmente, único es el modo en que se conduce con ella, hecho que también nos diferencia a unas de otras personas.

derecho a la diversidad

El amor propio trata de conculcar el derecho a la diversidad, homogeneizando a todas las personas y actuando en contra de su propia naturaleza. La tiranía del *yo*, que palpita en el amor propio, trata de imponerse al otro a toda costa, incluso humillándolo en público, si fuera necesario. Por eso, supone una aberración insufrible, que a nadie debe consentirse.

El amor propio es contrario a la pluralidad. De aquí que los términos que le son más afines y lo explicitan mejor son *el monopolio, la tiranía y el mangoneo*. Tres formas de conducirse la persona sin tener en cuenta la realidad. Pero esto nada añade a la autoestima personal; antes bien, la disminuye y sofoca.

El modo de afrontar el amor propio y situarlo donde le corresponde estar no consiste en dejar de estimarse, sino en estimarse de tal forma que el propio *yo* no pueda alzarse como la instancia hegemónica y absoluta a la que cualquier otra persona ha de someterse. Sentir, experimentar las positivas cualidades de que se disponga, estimarse en el justo término es algo muy conveniente y necesario, que no debiera confundirse con el amor propio. San Pablo ofrece un consejo ilustrativo y prudente de lo que se acaba de afirmar: "No os estiméis en más de lo que conviene; tened más bien una estima sobria [según la medida de la fe que otorgó Dios]" (Rm 12, 3). La virtud de la *sobriedad* es en este caso un excelente indicador, por cuanto sirve de freno al amor propio, a la vez que es compatible con la justa autoestima de la persona.

El amor propio es incompatible con el hecho de aceptar y respetar al otro, tal y como el otro es. Y eso con independencia de que su forma de ser poco o nada tenga que ver con la propia. Si al otro se le estima no es tanto porque se le *estime-para-mí*, sino porque se le *estima-en-sí*.

Muchos padres se quejan de la ausencia o de la excesiva presencia de *amor propio* en sus hijos adolescentes. "Mi hijo –dicen– es que no tiene ningún amor propio. Por eso le suspende y no se enfada, como tampoco se come los libros". Otros, en cambio, se quejan de lo contrario, del exceso de amor propio de sus hijos. "Mi hijo –afirman– tiene mucho amor propio y es un orgulloso tremendo, porque siempre que se le corrige salta; nunca admite que se le corrija porque se haya equivocado. Él nunca se equivoca".

En los dos ejemplos anteriores hay que corregir, puesto que la corrección no lesiona la estima personal, sino que la potencia y acrece. La forma y circunstancias de esas correcciones variará en función de la edad, la personalidad, la forma de ser de cada uno de ellos y la materia de corrección.

Lo mejor es no corregir nunca en público, a no ser que su amor propio se haya manifestado también en público. Corregirlos es

padres e hijos

demostrarles que a sus padres ellos les importan, que en modo alguno les han abandonado a la indiferencia, que se les corrige porque se les quiere, y que no pueden *pasar* de ellos, sencillamente, porque no es cierto que no se les considere.

deber de quererse a sí mismo

Lógicamente, cada persona ha de quererse a sí misma, poco importa que la vida –su vivir– haya fracturado en algún modo su autoestima. Es, pues, natural que cada persona se quiera a sí misma. Se diría más: hay un deber de quererse a sí misma, porque si la persona no se quisiera, tampoco querría la causa de su ser. Pero, según esto, no parece que la autoestima pueda confundirse con el amor propio.

4.4. El amor propio y la recepción de la estimación de los otros

autoestima y amor propio no coinciden

De lo que se ha sostenido líneas atrás, se concluye que la autoestima y el amor propio no son coincidentes, aunque entre ellos haya una cierta relación. En algún modo, el amor propio –entendido en lo que tiene de instinto de conservación y de mantenimiento de la propia vida y de superación de sí mismo– constituye un componente de la autoestima, aunque de ella se diferencie y distinga. De otra parte, hemos observado también que la autoestima depende en buena parte de la estimación recibida de los demás.

Llegados a este punto sería preciso preguntarse si la autoestima está más relacionada con el amor propio o con la estimación y el amor de los demás. No es fácil dar una respuesta a esta cuestión. Sin duda alguna, la autoestima depende de ambos factores. Pero a ninguno de ellos, por sí solo, debería estar sometida.

diferentes respuestas a la estima de los otros

No crean que el modo en que las personas responden a la estimación de los demás es idéntico para todas. Hay personas muy *dependientes* de esas estimaciones, mientras que otras, por el contrario, *apenas si se dejan querer*. En unas y otras, estas características pueden darse, sin que por ello sufran patología alguna. Pero hay también otras en las que, lamentablemente, esta patología de la *dependencia* o del *independentismo* afectivos suele manifestarse y, en ocasiones, de forma muy grave.

Un caso particular es el de *las personas que no se dejan querer*, que rechazan con obstinación cualquier ayuda que se les pueda ofrecer. Aceptar o acoger la ayuda que otros les prestan, les convierte –eso piensan ellos– en acreedores de la gratitud con que habrían de responder. Y, naturalmente, ellos no quieren deber nada a nadie.

personas que no se dejan querer

En la raíz de tal hosquedad, respecto de la recepción de los posibles favores ajenos, está el egoísmo personal de quien no está dispuesto a dejar de valerse por sí mismo, de no estorbar ni precisar de nadie, en último término, de no perder la relativa preeminencia que como persona todavía le queda.

El amor propio no se acompasa bien con el hecho de convertirse en *deudores de los demás*. Por eso se resisten a aceptar lo que necesitan recibir, siquiera sea un poco de afecto. No se percatan de que no endeudarse con nadie significa no recibir nada de nadie, lo que es a todas luces muy improbable que suceda. Entre otras cosas, porque la vida no se la han dado a ellos mismos y en algo tan fundamental como esto, forzosamente han de admitir que son deudores.

A mi entender, mucha de la autoestima de que se habla hoy está más fundada en la estimación de los demás que en el amor propio. Para tratar de esclarecer esta inextricable cuestión, en las líneas que siguen se describirán algunos de los rasgos que permiten diferenciar a unas personas de otras, en función de cómo sea el balance resultante de estos dos factores:

Balance de dos factores: estima de los otros y amor propio

1. *Tanto el amor propio como la estimación ajena pueden conducir en la autoestima a la autoafirmación de sí.*

Una persona con mucho *amor propio* es probable que no ceje de guerrear, que persevere en su contienda, aunque se encuentre solo, que se sienta demasiado segura de sí misma y, por consiguiente, afirme todavía más su propio *yo*.

Una persona *dependiente de la estimación ajena* será mucho más vulnerable y resistirá peor la exposición a cualquier circunstancia adversa. Pero, al mismo tiempo, experimentará una cierta fortaleza si alguien le apoya y, en consecuencia, se afirmará o no a sí misma en función de que los demás le estimen o no. Si le estiman, se sentirá afirmada; si no le estiman, en cambio, se sentirá desgraciada, debilitada y arruinada.

La recepción de la estimación de los otros, tal y como se advierte, varía mucho entre estos dos tipos de personas. Las primeras huyen de la estimación o la evitan y, en el mejor de los casos, se conforman con ella, aunque experimenten que no se la merecen. Las segundas, por el contrario, se sentirán atraídas por esa estima, irán en su búsqueda y acabarán por someterse a cuanto sea menester con tal de que las otras personas la estimen.

2. *El amor propio es un amor del* yo *al* yo, *que considera como lo único valioso. En la orientación a la estimación ajena, una persona vale lo que vale la estima que los demás le tienen y manifiestan.*

En la persona *dependiente de la estimación ajena* todo su valor está en función de que los otros le manifiesten en más o en menos tal estimación. En este caso, son más las manifestaciones de afecto –y no el amor– que recibe, lo que constituye el referente de lo que como persona vale. En la bolsa de valores de la estimación personal, su propia persona cotizará a la alza o a la baja, en función de la estima expresada por quienes le rodean. La autoestima en este caso es muy dependiente del comportamiento ajeno; todo depende de que su comportamiento sea reforzado o no por las personas de quienes depende.

La persona cuya estima depende más del *amor propio*, también estará sometida a vaivenes, pero no en función del comportamiento afectivo de las personas que le rodean sino de los logros y resultados que vaya obteniendo en su pelea solitaria y desgarrada.

3. *El amor propio conduce a la independencia; la autoestima personal concebida en función de las estimaciones que se reciben, no.*

Si la persona está segura del valor de su propio *yo*, hasta cierto punto es lógico que dependa muy poco o casi nada de las opiniones y afectos ajenos. En consecuencia con ello, su autoestima se comporta con una completa *independencia* respecto de cuáles sean los juicios y conductas ajenas.

Si la persona se percibe a sí misma como *insegura*, si duda de su propio valor, entonces es lógico que su autoestima se configure y oscile en función de la mayor o menor estimación que reciba de los demás. En realidad, la autoestima que de aquí resulta es una autoestima dependiente.

Aquí se genera dependencia, lo que en modo alguno es saludable, pues hace a las personas que así se comportan especialmente vulnerables y muy poco o nada libres. *Su libertad está cautiva y cautivada por las estimaciones de los otros.*

Una mujer puede pasarlo fatal sólo porque su marido no le ha dicho en la última semana que le quiere. Por eso, de vez en cuando le pregunta: "¿Oye, tú me quieres? Si el esposo asiente con un gesto o, en esa circunstancia, lo manifiesta abiertamente, la mujer seguirá preguntándole: "¿Y por qué, entonces, no me lo dices?"

Es que la autoestima de esa mujer en cierto modo depende de las manifestaciones de afecto de su marido. Es preciso aclarar aquí que no todo es tan sencillo como pueda parecer; que el hombre y la mujer tienen muy diversas sensibilidades afectivas, con independencia de cuáles sean las diferencias individuales existentes respecto de estas manifestaciones. No puede afirmarse, por eso, que lo más apropiado sea que el marido muy rara vez o casi nunca le diga a su mujer que la quiere.

No obstante, las cosas cambian y cambiarán más. Entre las personas jóvenes es hoy muy frecuente apelar a las explícitas manifestaciones verbales de afecto, expresiones que a una persona de mediana edad le sería casi imposible manifestar, si es que no las considera algo bochornoso.

4. *El amor propio puede ser muy deficiente o no en la expresión de la autoestima personal y, en general, de cualquier otra emoción; la persona que sabe acoger las estimaciones ajenas, por el contrario, suele ser muy rica en expresión de emociones.*

El *amor propio* suele ser muy pobre en el modo de manifestar su autoestima personal y las demás emociones. Pues, aunque responda con ira ante las humillaciones, frustraciones y pequeñas injusticias sufridas, lo que manifestará en esas ocasiones no será su autoestima, sino la pasión que bulle bajo ella. Más aún, si el enfado sigue, las personas con mucho amor propio optarán por el silencio y el mutismo, ninguno de los cuales contribuye a expresar las emociones.

Por el contrario, *la persona que sabe acoger la estimación* de quienes le rodean es mucho más sensible para discernir el afecto que recibe y también está mejor capacitada para expresar exactamente los sentimientos propios que experimenta. El hecho de que identifique mejor los afectos del prójimo –de los que con frecuencia está a la expectativa–, le ayuda también a establecer relaciones personales muy sintonizadas, ya que *sabe ponerse en los zapatos del otro* y apresar sin apenas error lo que el otro está sintiendo al comportarse de la manera en que lo hace. Si dispone de una cierta facilidad para la comunicación gestual, expresará mejor su estado emocional, lo que le abrirá todavía más la posibilidad de comunicarse y compartir con los demás su intimidad.

5°. *Lo característico del amor propio es la instalación en sí mismo; lo propio de las personas abiertas a ser estimadas por los demás es instalarse en el lugar del otro.*

La persona con *amor propio* suele cuestionarse muchas cosas, hasta incluso hacer cuestión de sí mismo y ensimismarse. Su autoestima personal no suele manifestarse al otro, sino que se pone en sí misma, y en nadie más.

Las personas más abiertas o *dependientes de la estimación ajena* suelen entender la autoestima personal como un reflejo, como la manifestación en que reverbera la estimación de los demás hacia su persona. De aquí que su autoestima suponga, en cierta manera, un *ponerse en el lugar del otro*. En realidad, su estima personal le interesa en tanto que manifestación de las estimaciones ajenas, de cuyas expresiones está casi siempre pendiente. Porque le interesa tanto si los otros le aprecian o no, por eso mismo disponen de tantas facilidades para ponerse en sus zapatos.

6º. *El amor propio conduce a amarse a sí mismo –de lo que es su más sincera expresión– sin el otro; la persona que está pendiente de la estimación de los otros sólo indirecta y secundariamente se ama a sí misma.*

En el *amor propio* se diría que la afectividad está tan vinculada al propio *yo*, que apenas si roza al otro. Cualquier movimiento afectivo surge en él y en él finaliza; los otros son como la excusa, el pretexto o los meros espectadores de sus propias pasiones. Su autoestima, en consecuencia, nace del amor propio y en el amor propio finaliza.

En *la persona abierta a la estimación ajena*, la autoestima es entendida en buena parte como una manifestación del amor ajeno, un cierto amarse a sí misma en el otro o, más concretamente, en el amor del otro. La autoestima en estas personas arranca en los otros y en los otros finaliza; la autoestima es como una correa de transmisión entre el afecto recibido (del otro) y el afecto manifestado (al otro).

De acuerdo con su particular modo de estimarse, estas personas consideran que valen tanto como valga el aprecio que los demás le tengan y expresen, y sólo eso. La persona se acrece en el valor que supone tiene la manifestación de afecto que la otra persona le expresa. El amarse a sí mismo en las manifestaciones de afecto que los otros le expresen suele suscitar un comportamiento muy complejo. En realidad, no aman a la otra persona en sí misma considerada, sino al amor que tal vez le une a ella o a las manifestaciones a través de las cuales se unen los sentimientos de ambos. Acontece también aquí una cierta utilización del otro, pero sin el otro.

7. *El amor propio se fundamenta en la autoestima y ésta en función de las acciones que la persona realiza y los resultados que obtiene; la persona pendiente de la estimación ajena funda su autoestima únicamente en la estimación que de los otros recibe.*

El *amor propio* será mayor o menor, en función de que las acciones realizadas por la persona sean más o menos eficaces y sus resultados más o menos brillantes. En esas circunstancias, lo lógico es que no disfrute con casi nada o con muy poco de lo que hace, independientemente de cuáles sean sus resultados. Y ello, porque nada satisfará ni podrá colmar su afán desmedido de amarse a sí misma. De aquí que, aunque coseche muchos éxitos, apenas sea plenamente consciente de alguno. Su autoestima huye siempre hacia el futuro y es, por consiguiente, *una estima continuamente aplazada*. En realidad, sus sentimientos no habitan el *ahora*, sino el *después*. Esta fuga hacia adelante es muy desacertada, porque le impide gozarse en el *hoy* y en cada uno de los instantes sucesivos en que consiste el vivir humano.

En *las personas sólo pendientes de la estimación ajena su autoestima es prestada*, pues está en función de la acción y de los resultados de la expresión de emociones de los otros: de aquí que también sea muy poco estable, arrastrada y sometida como está a las emociones y comportamientos ajenos.

Este tipo de autoestima conduce a la *pasividad*, pues su vida emocional se restringe a sólo la *percepción* y la *acogida* de las expresiones de afecto de los otros. Esta situación es muy triste y lamentable, pues la autoestima les somete a una continua expectación y a una vigilancia excesiva. No resulta nada cómodo estar permanentemente expectante de los mensajes que el otro les envíe, porque en ello les va la vida. Viven en un estado de alerta permanente, como si sus vidas estuvieran pendientes de un hilo.

En ambas formas de autoestima, aunque por razones diferentes, la *temporalidad* se agosta y el futuro de la persona se trivializa. El futuro emerge solamente como conducta de espera (para obtener otro excelente resultado o para que los otros le estimen). Las personas se desnaturalizan, porque no viven como alguien que tiene creativamente que responder o hacer emerger cosas nuevas, que se goza en lo que ya hizo o se divierte atraído por las mil y una pequeñas cosas que tanto tienen que ver con la felicidad.

autoestima y temporalidad

Aquí no. Aquí el futuro, al menos para una de ellas, es simplemente un tiempo incierto para aguardar y esperar que otro le quiera. Cuando no está presente el otro, entonces la espera se llena del pasado positivo (del recuerdo de las manifestaciones de afecto que se recibieron) o negativo (del recuerdo de sus ausencias y desatenciones) y del futuro expectante, costoso y ansioso, que apenas da seguridad alguna. Son, por tanto, personas en que el presente apenas si existe y por eso su *autoestima* es tan *frágil y pobre*.

Curiosamente, en ninguno de los dos modelos anteriores aparece la autoestima como capacidad de querer a otro. A pesar de que esa sea la autoestima mejor fundada, la más alta, la más potente, la más madura, la más creativa, la más distraída, la más motivadora, la más innovadora.

Por último, es preciso afirmar que del *amor propio* se puede –y se debe– pasar al *amor al otro* y a saber acoger el *amor del otro*. En el fondo, el salto que se les pide –y en esto puede consistir el crecimiento en la autoestima personal– es, simplemente, amar al otro por el otro mismo, sin ninguna expectativa respecto de lo que el otro pueda dar, pero también sin ninguna resistencia a acoger lo que el otro le dé en efecto.

La autoestima crece cuando uno afirma al otro, a quien ama, en lo que realmente vale, aunque sea al precio de negarse simultáneamente a sí mismo el propio valer. Este modo de autoesti-

crecimiento de la autoestima y afirmación del otro

marse es mucho más potente y maduro, porque exige la salida de sí para afirmar al otro en su propio amor, aun cuando suponga la aparente negación del propio valor.

Si se decide comportarse de este modo hay que llevarlo a cabo *sin pasar facturas*. Las facturas se tendrán que abonar forzosamente el día que esa persona le falte al otro, se ausente o se rompa la relación que hay entre ellos. Entonces, es posible que barrunte con tristeza la presencia inequívoca de la persona que le afirmaba en su valer.

Por lo que se ha observado, la autoestima consiste en dar más y no tanto en recibir. Este principio es muy conveniente observarlo, a fin de que la propia autoestima se sitúe en su justo término. En realidad, es más rico quien da más, que quien sólo recibe. Y cuando lo que se da es afecto y la propia estimación de sí, entonces es que esa persona era mucho más rica de lo que parecía y su autoestima verdadera. En la medida que las personas tengan una alta autoestima, en esa misma medida han de darse más a los demás. ¿No será que damos tan poco, a causa de que es todavía muy baja la estima que de nosotros tenemos?

4.5. El orgullo

¿Tiene algo que ver la autoestima con el orgullo?, ¿de qué se habla hoy más, de orgullo o de autoestima? Hace medio siglo, se calificaba de orgullosa a la gente que casi siempre hablaba bien de sí misma; hoy a esa misma forma de comportarse la calificamos afirmando que son personas que tienen una alta autoestima.

orgullo y
yo ideal

El orgullo tiene mucho que ver con el *ideal del yo*. Toda persona dispone de un *yo ideal*, es decir, un cierto modelo en que se aglutinan los rasgos y peculiaridades que teóricamente quisiera tener y que, por lo general, no coincide con el ser real que es probable que no conozca bien.

juicio erróneo de
sobrestimación

El *Diccionario de la lengua española* de la RAE define el orgullo como la "arrogancia, vanidad y exceso de estimación propia, que a veces es disimulable por nacer de causas nobles y virtuosas". Según esta definición, lo que distingue al orgullo es ese *exceso de estimación propia* que se manifiesta en forma de arrogancia y vanidad. Luego el orgullo sí que tiene que ver con la autoestima y más concretamente con el exceso de autoestima. En el fondo, el orgullo es un juicio erróneo, por sobrestimación, acerca de sí mismo.

Ese error ha de tener cierto fundamento, pues, de lo contrario, sería demasiado burdo como para que la propia persona no lo advirtiera. Por eso, tan acertadamente el *Diccionario* añade *que a veces es disimulable por nacer de causas nobles y virtuosas*. Esto significa que la persona orgullosa dispone también de una cierta verdad –*las causas nobles y virtuosas*– que relativamente legitima la sobrestimación que hace de sí misma. Pero entiéndase bien –sigo glosando la definición del *Diccionario*– que a causa de esas razones que lo fundan, *a veces son disimulables* (se supone que tanto para la persona orgullosa como para las personas que la rodean) el orgullo, la vanidad y la arrogancia.

Todo lo cual demuestra que estamos en un terreno resbaladizo, en que son muy necesarios los matices y finos análisis, antes de calificar o no a una persona como orgullosa.

El orgullo depende mucho también de los modelos de los que disponga la persona y con los que se haya identificado. Esos modelos, la mayoría de las veces no son originales ni propios. Son modelos que se han tomado prestados de lo que se observa en la sociedad, de lo que ofrecen los *mass media*. Es allí donde las personas encuentran la necesaria inspiración para diseñar lo que será el patrón ideal por el que regirse y diseñar así su *yo ideal*.

orgullo, modelos y mass media

Con el tiempo, la persona se acostumbra a tratarse a sí misma como si ya hubiera alcanzado ese *yo ideal*, por lo que exige que se le trate de acuerdo a como ella cree que debe ser tratada. La sobrestima en que se tiene le lleva a la convicción de ser la mejor, la que más trabaja, la más inteligente y sacrificada, la más generosa y simpática, la que más amigas tiene y la que mejor habla.

Lo que piensa de sí misma acaba por reflejarse en su comportamiento. De aquí que se sirva de los defectos ajenos para exaltar sus propias cualidades; que guste de poner en evidencia los errores de los otros para poner de relieve sus habilidades y destrezas; que ironice acerca de las cualidades positivas de los otros –disminuyéndolas en su valor–, porque ella no las tiene; que aproveche cualquier circunstancia para mostrar la escasa inteligencia y la mucha ignorancia de las otras personas, a fin de poner más de manifiesto su propia valía.

envidia

Una de las primeras consecuencias de todo esto es la *envidia*. La persona orgullosa es envidiosa (*cf.* Polaino-Lorente, 1991) y se manifiesta como tal, lo que es origen de muchos conflictos, desavenencias y enemistades.

La persona orgullosa no depone sus armas, ni rectifica su juicio, ni pide perdón por el error cometido. Y eso porque no está dispuesta a que descienda ni un escalón su *yo* de las alturas en que lo había instalado. Antes recurrirá a la ficción y a la simulación que reconocer la ausencia de una determinada habilidad o destreza. De aquí que exagere lo que posee y simule poseer lo que no tiene, con tal de seguir siendo la primera ante los ojos de los demás e incluso ante sí misma.

arrogancia

Este modo de comportarse de la persona orgullosa expresa muy bien lo que es la *arrogancia*. San Gregorio Magno sintetiza muy bien sus principales características. "De cuatro maneras –escribe– suele presentarse la arrogancia: cuando cada uno cree que lo bueno nace exclusivamente de sí mismo; cuando cree que la gracia ha sido alcanzada por los propios méritos; cuando se jacta uno de tener lo que no tiene; y cuando se desprecia a los demás queriendo aparecer como que se tiene lo que aquellos desean".

4.6. La soberbia

concepto
psicológico y
concepto moral

La soberbia tiene muy poco que ver con la autoestima, con la que no debe confundirse. De aquí que la soberbia sea una cosa que la autoestima no es. La autoestima es un *concepto psicológico*; la soberbia, un *concepto moral*. Por ser dos conceptos con diferentes significados no debieran sustituirse uno por otro, como en la actualidad acontece. Tal sustitución sólo puede generar el equívoco en las personas y condicionar una cierta confusión en los respectivos ámbitos disciplinares de la *psicología* y de la *moral*.

Esto en modo alguno significa que, como consecuencia de tal confusión, estemos próximos a la abolición de la moral en lo que a la soberbia se refiere. Como tampoco parece que la soberbia vaya a extinguirse en el mundo, porque algunos la confundan hoy con la autoestima. Pero de persistir esa invasión de la moral a manos del psicologismo, se hará un flaco servicio tanto a la moral como a la psicología.

"¿Qué es la soberbia –se pregunta San Agustín– sino un apetito desordenado de grandeza pervertida? La grandeza pervertida consiste en abandonar el principio a que el ánimo debe estar unido, hacerse uno en cierta manera principio para sí y serlo: Esto sucede cuando el espíritu se agrada demasiado a sí mismo, y se agrada a sí mismo cuando declina el bien inmutable que debe agradarle más que a sí mismo".

Lo malo de este apetito desordenado de la propia excelencia es que a través de él la persona se erige en lo que no es ni puede ser: *principio de sí misma*. Esto supone un menosprecio de Dios, porque erróneamente la persona soberbia atribuye a sí misma todo cuanto es y tiene, hasta su mismo principio. Acaso por eso, la soberbia sea el primero de los *siete pecados capitales*, de donde derivan la mayoría de los males que afectan a las personas. Pues, como se dice en el libro de *Tobías* 4, 14: "toda perdición toma su principio de la soberbia".

Allí donde la soberbia hace su presencia se enrarece el ambiente y sufren cuantas personas están próximas a ella. *El perfil característico de la persona soberbia* se manifiesta sobre todo en las relaciones con su prójimo. La persona soberbia suele ser susceptible, impaciente, exigente, inflexible, indiferente, fría, calculadora

perfil
característico

y defensora en exceso de lo que considera son sus derechos, con independencia de que en verdad lo sean o no.

La exaltación del propio *yo* le lleva a hablar sólo de sí –naturalmente sólo de las cualidades positivas–, de sus méritos, de los éxitos alcanzados, de su tesón y esfuerzo para vencer las muchas dificultades que encuentra en su entorno, en definitiva, de los excelsos y numerosos valores que la adornan. Es frecuente que se compare con los demás y que se perciba superior a ellos.

Tiene una especial sensibilidad para detectar los defectos ajenos, que juzga de inmediato y sin ninguna piedad, mientras su mirada permanece ciega para ver y darse cuenta de que también a esas personas les adornan muchas cualidades positivas. La soberbia hace crecer la suspicacia por lo que, si no se desea que la persona se irrite y llegue hasta el insulto, es menester tratarla con toda delicadeza y consideración.

convivencia   La convivencia con ellas es, en la práctica, insostenible. Cuando la persona soberbia humilla, posterga o insulta a quienes le rodean no suele apercibirse de ello, sino que además se considera ofendida. También se siente ofendida cuando no se la considera, obsequia o estima como ella espera, porque piensa que se lo merece.

La persona soberbia sólo está pendiente de poner de manifiesto su excelencia personal o lo que ella considera le hace ser excelente y, en consecuencia, con toda justicia ha de exigírselo a los demás.

Por eso *no está atenta a los bienes ajenos*, de los que casi nunca se alegra, sino que trata de minimizarlos o quitarles la importancia que tienen. Se muestra más bien partidaria del *espíritu justiciero* que devuelve mal por mal, porque en su corazón no hay lugar para el perdón, la comprensión o la tolerancia.

Tal modo de comportarse es contrario a la justicia, la estimación de los otros y la caridad. Es contrario a la *justicia*, porque al conducirse así no se le da a cada uno su *ius*, su *debitum*, lo que le es debido. A la *estimación de los otros*, porque en su corazón no hay lugar para ellos, repleto como está de sí mismo y sólo de sí mismo. Y es contrario a la *caridad*, porque como escribe San Pablo *caritas non agit perperam* (1Co 13, 4), la caridad no se pavonea.

Como puede observarse, nada o muy poco tienen en común la autoestima personal y la soberbia, a no ser esa *grandeza perverti-da*, que se mencionaba al principio, y que constituye como una excrecencia morbosa y agigantada que deforma al verdadero *yo*.

grandeza pervertida

El hecho de que la soberbia exija un tratamiento moral no obstaculiza el que, en algunas personas –sea como causa o consecuencia de ella–, sea necesaria también una pertinente y adecuada intervención terapéutica. Esto quiere decir que es preciso retomar el interrumpido diálogo entre psiquiatría y moral, y entre moral y psicoterapia, un diálogo éste que fue languideciendo durante la segunda mitad del pasado siglo hasta casi su total abolición, y que es urgente tratar de recuperarlo, de acuerdo con los actuales eventos y aconteceres.

4.7. ¿Autoestima o narcisismo?

Cuando en una persona crece demasiado la autoestima, puede transformarse en otra cosa y emerger el narcisismo. El narcisismo puede constituir una mera etapa de transición –la que suele acompañar a las personas cuando su mundo se les viene abajo y entran en crisis o alcanzan un súbito, colosal e inesperado éxito– o puede dar lugar a algo mucho más grave, que es lo que se conoce con el término de *trastorno narcisista de la personalidad* (DSM-IV).

transición o trastorno de la personalidad

En realidad, casi siempre que la autoestima entra en crisis, por las razones que fuere, el narcisismo o una cierta crisis narcisista está muy cerca de hacerse presente. Como tal crisis comparece a través de un nuevo modo de comportarse, consistente en que lo único que importa en el fondo es el propio *yo*. Allí donde hay un *yo* dolorido por cualquier causa, el riesgo del narcisismo se incrementa.

En esa circunstancia, la persona experimenta un cierto fracaso existencial, aunque considere que vale más que los demás y que no se merece que le traten así. Tal vez por eso exige un trato especialísimo de las personas que le rodean. Una persona en esas circunstancias *está rara*, que es lo que suelen decir las madres, que son las que mejor conocen a sus hijos.

Lo que tal vez haya sucedido es que esa persona se quería apasionadamente a sí misma hasta ese momento en que ha sido contrariada, de repente, su trayectoria vital. Por eso su autoestima sufre un revés tremendo, con el que apenas si contaba, y que le es tan difícil de soportar.

No, a lo que parece, no conviene quererse apasionadamente a sí mismo; de lo contrario, cualquier revés que suframos puede resultarnos intolerable. Si se permanece un cierto tiempo en esta situación, sin experimentar una evolución favorable, es muy posible que la vida personal tome otros derroteros y se encamine hacia otras formas de comportamiento, otros estilos de vida que rondan lo patológico, y que nunca hasta ese momento habían acontecido.

ejemplos   Supongamos, por un momento, la vida de una persona corriente, que a fin de hacer subir continuamente su autoestima, hubiera estado demasiado pendiente de la elegancia en el vestir. Si exagerara esa característica, es posible que en plena crisis narcisista considere que en Madrid no puede encontrar las camisas de la calidad que precisa y que tiene que ir a Londres a comprarlas. A partir de sólo este comportamiento resulta muy difícil aventurar si una persona está cerca o no del narcisismo pero, en cualquier caso, varios hechos como el aquí descrito, son indicios razonables de aproximación al comportamiento narcisista.

Hay otros hechos y comportamientos mucho más relevantes y característicos de las *crisis narcisistas*. Este es el caso, por ejemplo, de una persona que se desentiende por completo cada día de cuáles son las circunstancias, el estado, los sentimientos de las personas con las que convive. Durante una crisis de pequeña duración, esto podría disculpársele. Pero de forma continuada, no. Si se prolonga esos comportamientos en una persona, lo que se está desvelando es que su *yo* es tan grande, está tan hinchado que no le deja percibir en la corta distancia el *tú* y, en consecuencia, no se hace cargo del *tú*. Pero sin intuir siquiera qué le está pasando al otro, es casi imposible tratar de comprenderlo y ayudarlo.

Se puede establecer un cierto balance entre la autoestima y el narcisismo. Está bien y, en principio, es correcto que las personas se estimen a sí mismas, porque de lo contrario no serían capaces de defender sus propias vidas. ¿Si no amasen la justicia y el bien personal, cómo podrían amar la justicia social y el bien común? Cada persona ha de hacer que a sí misma se le respete y esa defensa de su dignidad personal está en sus propias manos. Pero no es menos cierto que, al mismo tiempo, hay que ocuparse del respeto y la dignidad de las personas a las que se quiere y con las que se está vinculado. La abolición de esos lazos hasta llegar incluso a la *indiferencia*, es lo que es propio de las actitudes narcisistas.

Cuando sólo se atiende a la autoestima personal, con independencia de que esté o no más o menos dolorida, se acaba en el narcisismo. En el fondo, lo que sucede es que desde las *actitudes narcisistas* no es posible amar a ninguna otra persona, ni tan siquiera a sí mismo. No se puede amar a otra persona, primero, porque al otro se le utiliza sólo como incienso al servicio del propio *yo*. Y, en segundo lugar, porque al estar la persona tan encerrada en sí misma, al estar tan clausurada, tan herméticamente replegada sobre su propio *yo*, puede no disponer de la necesaria capacidad natural para abrirse y percibir al otro.

En circunstancias como las que aquí se apuntan, lo más frecuente es que la persona que está sufriendo una crisis narcisista sólo se relacione con muy pocas personas, aquellas que entran en su proximidad sólo en función de que contribuyan a exaltar, afirmar o asegurar su propio *yo*. Por lo cual es probable que sólo se rodeen de aduladores. Pero la mera adulación es la negación y el fracaso del amor entre personas.

Uno de los más importantes riesgos de la autoestima es, sin duda alguna, el narcisismo. Esto es lo que sucede –al menos como

autoestima y narcisismo

una etapa transitoria– casi siempre que acontece un grave conflicto de pareja o una crisis vital en la persona, poco importa cuál sea el ámbito en que aquella se suscita.

Esto pone de manifiesto, una vez más, que la autoestima no es el narcisismo ni las crisis narcisistas que surgen en muchas personas y que, desde luego, pueden ser superadas a lo largo de sus vidas. Por consiguiente, no ha de reducirse el uno a la otra, de la misma forma que tampoco han de confundirse.

4.8. La frecuente y generalizada subestimación patológica

sentimientos de subestimación

Hasta aquí se ha tratado de lo que no es exactamente la autoestima, aunque algunos de esos sentimientos puedan estar con ella relacionados, especialmente en lo relativo a la sobrestimación. Lo contrario de la sobrestimación es la subestimación. También en este ámbito es necesario diferenciar lo que es la autoestima de lo que no lo es.

En las líneas que siguen se atenderá a sólo algunos de los sentimientos de subestimación que con mayor frecuencia pueden confundirse con la autoestima o, mejor, con un descenso natural de la autoestima. Pero entiéndase desde un principio que el núcleo donde arraigan estos sentimientos no es propiamente la autoestima, sino una cierta patología de ella. Es en ese concreto contexto en donde debieran estudiarse, a fin de no confundirse el lector en lo relativo a ciertas oscilaciones a la baja de la autoestima, que tanto tienen que ver con los trastornos psicopatológicos.

rechazo de sí mismo

Es preciso admitir que hay personas que se odian a sí mismas, que no se aguantan a ellas mismas, que no se gustan como son o que se rechazan, sistemáticamente, en muchos aspectos de lo que son y tienen.

Esta *patología de la autoestima* acontece en muchas enfermedades psíquicas, de las que el autor de estas líneas ya se ha ocupado en una revista especializada (cf. Polaino-Lorente, 2000a). Baste recordar aquí, sin embargo, que la vida se torna mucho más difícil para muchos de estos pacientes, como consecuencia de la subestima que sufren sus personas.

Son personas que consideran que valen mucho menos de lo que realmente valen, que nunca podrán triunfar en las tareas que acometen, que las cosas nunca les van a salir bien. Son personas que solamente perciben lo que tienen de negativo, pero no lo que tienen de positivo, como también sólo tienen ojos para ver lo negativo que acontece en el mundo e intuyen que en el futuro sólo acontecerán sucesos negativos, con independencia de lo que ellas hagan o no. Son personas, al fin, que en modo alguno son responsables de lo que les sucede, aunque algunos familiares y amigos piensen lo contrario.

perfil

Algo parecido sucede también en personas con tendencias obsesivas. Son personas muy inseguras de sí mismas, indecisas, que creen que se van a condenar (escrúpulos religiosos). Pero, al mismo tiempo, suelen ser muy perfeccionistas, por lo que se agobian con cualquier pequeña tarea que emprenden, pues casi nunca consideran que la han hecho bien.

tendencias obsesivas

Es posible que su *autoestima* sea *muy elevada* en lo que se refiere a exigencia personal, puntualidad, perfeccionismo y rigidez, y, simultáneamente, disponer de una *baja autoestima* en lo que hace referencia a sus dudas y temores, inseguridades y agobios.

En este caso es de vital importancia establecer un buen diagnóstico, a fin de discernir si padece o no un trastorno obsesivo y, en función de ello, instaurar el tratamiento más pertinente. Pero sería un craso error considerar que en ellas lo más importante o lo único importante es el supuesto déficit de autoestima que padecen.

necesidad de un buen diagnóstico

En estos y otros muchos pacientes, sería estúpido minimizar los síntomas que les aquejan y tratar de interpretar su enfermedad apelando a sólo el descenso que ha experimentado su autoestima personal, como explicación última de lo que les acontece. Con una actitud así no sólo no mejorará su autoestima –en el caso de que sufra un determinado trastorno–, sino que se les hará un grave daño, porque se conculcaría el derecho que tienen a ser diagnosticadas y tratadas por el pertinente especialista de la enfermedad que padecen.

No son personas que hayan sufrido un descenso en su autoestima y por eso estén así, sino que están así a causa de la enfermedad que padecen y, por eso mismo, ha disminuido su autoestima. Atribuir que lo que les sucede a estas personas es debido a una mera oscilación de su autoestima personal, podría constituir una falta grave de mala práctica profesional.

El nivel de aspiraciones que cada persona se plantea para su vida singular hace que se exija a sí misma más o menos, respecto de lo que pretende alcanzar. Pero, a su vez, el nivel de aspiraciones varía mucho en función del autoconcepto y de la autoestima de que se disponga. Si una persona, erróneamente, se considera inferior a las otras, entonces aspirará a muy poco, y se satisfará con lo muy poco que logre. Lo que no deja de ser una pérdida para todos, por cuanto que es muy improbable que acierte a proponerse ser la mejor persona posible.

exigencia y
motivación

De aquí la conveniencia de ayudarles y enseñarles a que se conozcan y a que sean ellas mismas las que se exijan. Padres y educadores en algo tendrán que *exigirles* –y deben hacerlo, en la debida proporción–, pero es mucho más eficaz y formativo para ellas *motivarles*, mostrarles lo que, si quieren, son capaces de hacer por sí mismas.

En cualquier caso, es urgente estudiar los errores –hoy tan frecuentes en muchas personas jóvenes– de subestimación y sobrestimación. Y lo que es más importante, es preciso hacer las necesarias indagaciones para encontrar las soluciones oportunas.

5

La autoestima y la fatiga
de ser uno mismo

5.1. La fatiga de ser uno mismo

La fatiga es una de las características que, de forma lamentable y generalizada, afecta en la actualidad a la mayoría de las personas. Eso es lógico, si contemplamos el ir y venir, el movimiento incesante, la vida azacanada y urgida a que el *activismo* de cada día somete al vivir humano. Pero más allá del natural cansancio físico, consecuencia del ajetreo, la fatiga añade ciertas peculiaridades a esta situación vital y humana.

rasgo
generalizado

Asistimos a un cierto desfondamiento de la vida personal. Hombres y mujeres parecen no hacer pie en sus propias existencias. Hacen muchas cosas, desde luego, pero tal vez ninguna produzca en ellos la satisfacción que buscaban.

El avance tecnológico –en especial, en el ámbito de la informática y las telecomunicaciones– nos ha introducido y arrastrado a un nuevo escenario, un tanto revolucionario e imprevisible. Se han multiplicado, desde luego, nuestras capacidades y el rendimiento de nuestro trabajo al incrementarse los recursos técnicos de que hasta ahora disponíamos, y parece como si nuestras facultades se hubieran potenciado de forma casi ilimitada.

La sociedad del siglo XXI ha devenido en una nueva sociedad, a la que pomposamente se califica por algunos como la *sociedad del conocimiento* y la *sociedad de la comunicación*. Pero más allá de estos etiquetados, las personas se sienten solas y, sobre todo, se ignoran a sí mismas.

paradojas: logros y carencias

Por eso, importa poco que hagan tantas cosas como cada día realizan. En muchos casos las actividades realizadas por ellos no contribuyen a su realización personal ni a que se estimen mejor. En cierto modo, *hacen lo que no quieren y lo que quieren, eso es, precisamente, lo que no hacen.*

falta de tiempo

Tampoco se trata de estresarse todavía más estirando el escaso tiempo del que se dispone. Ende (1988) denuncia muy bien, a través de las palabras que dirige el señor Gris al barbero, este perverso afán de ahorrar el tiempo más necesario e importante: el que se ocupa en relacionarse con los demás. He aquí los consejos que le da:

> ¡¿Qué no sabes cómo ahorrar tiempo?! Pues, por ejemplo, ha de trabajar más deprisa y dejarse de cosas superfluas. Al cliente, en vez de media hora, dedíquele sólo un cuarto de hora. Evite las conversaciones que hacen perder el tiempo. La horita que está con su madre puede reducirla a media. Lo mejor que puede hacer es llevarla a una buena residencia de ancianos –barata, si puede ser– para que la cuiden. Entonces habrá ganado una hora entera cada día.

La fatiga no suele estar causada sólo por la falta de tiempo, sino por lo que se hace en un tiempo que forzosamente es el que es, un bien escaso que huye y se consume de forma incesante. ¿Tiene algo de particular que en una situación como ésta experimenten tan insoportable fatiga?, ¿acaso se conocen mejor a ellos mismos, gracias a la ayuda de la informática?, ¿es que no experimentan tal vez una cierta nostalgia, no sólo acerca de su lugar de origen, sino en especial acerca de sí mismos, de los primeros años de su propia vida, de lo que constituye el sentido que alumbra y vertebra su entera biografía?

insatisfacción vital y frustración crónica

Tanta insatisfacción vital acumulada se aproxima mucho a las situaciones de frustración crónica, en las que ni siquiera se vislumbra cómo poder escapar de ellas. En esas circunstancias, la insatisfacción no suele restringirse al recortado horizonte vital, sino que invade la vida personal. Ahora es la propia vida la que ha sido alcanzada por esa insatisfacción. La vida se ha hecho pesada, demasiado pesada como para continuar tirando de ella cada día. Pero apenas si hay una salida digna para ello. Tal vez por eso las personas dejan de estimarse a sí mismas. Y esto a pesar, o precisamente, de que a todas horas se esté hablando de autoestima.

La Psicología tiene mucho que decir aquí. Pero, sea por las mismas dificultades que estos problemas plantean o sea por el modo en que suele habérselas con la realidad cuando sobre ella interviene, el hecho es que los resultados obtenidos por la psicología no parecen ser lo satisfactorios que debieran.

Sin duda alguna, poco cabe esperar del psicologismo que caracteriza a la posmodernidad. Mientras tanto, persiste la fatiga psíquica, el cansancio se acrece, las ilusiones se extinguen, el horizonte vital se estrecha y la mente se repliega y atrinchera en ella misma, desesperada por no saber a qué atenerse para solucionar el problema. En esto consiste lo que algunas personas quieren significar cuando aluden a *una pérdida de la autoestima*.

No es extraño que después de leer tantos libros sobre autoestima –hay, por cierto, miles de referencias que pueden encontrarse a través de internet–, el fatigado lector de tan diversas y numerosas informaciones, experimente confundido el deseo de gritar: ¿Dónde está, autoestima, tu pujanza y vitalidad?, ¿dónde tu alegría de vivir, la seguridad con que adornabas a las personas en que habías fijado tu residencia?

Se nos dice que es necesario *autoestimarse*, que hay que estimarse más y mejor cada día, pero no sabemos cómo y –lo que es peor– las estrategias con que nos enseñan apenas si lo logran. Además, estimarse por estimarse –sin ninguna razón particular en que se fundamente tal estimación– apenas si sirve para algo.

¿Es que no está también el hombre fatigado de estimarse a sí mismo, un día y otro, una hora y la siguiente, a pesar de tantas frustraciones?, ¿no remeda esto, en cierto modo, el mito de Sísifo?, ¿es que acaso resuelve sus problemas el hecho de estimarse, de recomenzar cada día, cansinamente, ese leve y frágil proceso de autoexaltación, en que la autoestima consiste y tal vez pueda incluso llegar a aprenderse mediante cierto entrenamiento?

No, tal modo de proceder en absoluto resuelve los problemas humanos. Más bien emergen nuevas preocupaciones por el propio cuerpo, por el bienestar y la calidad de vida, por la salud, por los problemas económicos, etc.; preocupaciones todas ellas que no cesan. Unas preocupaciones condicionadas a su vez por la excesiva ocupación que del cuerpo se ha hecho. Al cuerpo se le *atiende* hoy en exceso, sin que por ello se le *entienda*.

¿De qué le sirve al hombre tantos cuidados y atenciones, si siempre está fatigado?, ¿podrá acaso tanta sauna, masajes y *jacuzzi* devolverle su prestancia y esa frescura, gallardía y seguridad que caracteriza el vivir de las personas que están sanas?, ¿se le estima acaso mejor, a causa de ello?, ¿se alivia quizá *la fatiga de ser uno mismo*, cuando se presta mayor atención al propio cuerpo?, ¿mejoran estas atenciones físicas la configuración psíquica de nuestro cuerpo, el modo particular en que cada persona parece estar hincada en su propio destino?, ¿es que acaso el cuerpo media hoy mejor que antes las relaciones entre el *yo* y el mundo?

Como afirmaba Simmel (1938), frente a "la cultura antigua (que) buscaba la lógica de los cuerpos, Rodin busca la psicología de los cuerpos. La esencia de la modernidad es la suma de todos los psicologismos, el hecho de probar al mundo y de darle sentido como mundo interior, conforme a las reacciones de nuestra interioridad; es decir, la disolución de los contenidos estables en el flujo del alma, independiente y purificada de toda sustancia, y que no puede formar nada más que la forma de sus movimientos".

La *fatiga de ser uno mismo* es un hecho que desvela las profundas transformaciones que se han producido en las actitudes, en el modo de habérselas con la individualidad. Lo que a su vez

fatiga vital
y grandes
trasformaciones
sociales e
individuales

guarda una cierta relación con los profundos cambios normativos que han convulsionado los actuales estilos de vida.

Esta fatiga desvela el estéril y hercúleo trabajo de conseguir unos determinados objetivos. Más en concreto, las numerosas aspiraciones sociales –algunas de ellas, obviamente, frustradas– respecto de ese empeño esforzado de la persona por llegar a ser ella misma. Pesa mucho, tal vez demasiado, sobre la frágil espalda de la persona, el hecho de tomarse a sí misma tan en serio, la lucha titánica y sin descanso por alcanzar determinadas y estúpidas metas, la responsabilidad significada por hacerse a sí misma a partir de un sentimiento –jamás manifestado; ¿con quién podría sincerarse y compartirlo?– de su personal insuficiencia...

La persona que experimenta la fatiga acerca de sí misma –poco importa que se autoestime o no– sufre la desazón producida por la ambigüedad de no saber si alcanzará su propio destino, es decir, el modelo que había prefijado con tal de ser ella misma. De aquí que el destino de su vida se atisbe como incumplido, como tan fatalmente azaroso que es muy probable que jamás llegue a alcanzarlo.

Su trayectoria biográfica personal –aunque en apariencia bien calculada, con una exquisita precisión cartesiana– se le aparece ahora como algo amenazado y amenazante. Amenazado, por las incertidumbres objetivas que envuelven su despliegue y viabilidad. Amenazante, porque de alguna manera se está jugando con mucho esfuerzo la vida por la vida, por hacer de su vida la persona que quiere llegar a ser.

Esa trayectoria parece deslizarse y hasta hundirse en un ámbito fronterizo entre lo permitido y lo prohibido, lo posible y lo imposible, lo normal y lo patológico. Pero –y esto es todavía más grave– para la *travesía* que ha de realizar con su vida el hombre de la calle, el ciudadano corriente no dispone de la necesaria carta de navegación. A lo que parece, le han hurtado las *referencias* que debieran permitirle llegar a un puerto seguro. ¿Tiene algo de particular que en esas circunstancias se sienta perdido, desorientado, roto y fatigado?

factores que
intervienen:
modelo
antropológico

A tal situación parecen conducir numerosos factores: desde el *modelo antropológico implícito* de que inicialmente se parte –lo que se piensa que es o debe ser el hombre– a los *iconos* y *representaciones políticas* que socialmente han de asumirse para una conducta que pueda ser calificada como *políticamente correcta*. A ello se añade la *normativa* a la que ha de someterse la propia conducta –se esté o no de acuerdo con ella–, de manera que ésta pueda ser calificada como adaptativa y bien autorregulada.

necesidades
económicas y
competitividad
social

Hay otros muchos factores que, al modo de los viejos dilemas, también inciden en la situación y emergen en ese escenario. Baste citar aquí, como ejemplos, la lucha entre las necesidades económicas y la competitividad social, la nostalgia de las tradiciones que amenazan con extinguirse y la voracidad del progreso que no acaba de llegar, el afán por la igualdad y la forzosidad de la diversidad, la sed de justicia y sensatez y la tolerancia de quienes desvarían en su comportamiento, el respeto a la diversidad y la necesidad de la autoafirmación personal, la singularidad de la persona y el impulso de satisfacer las necesidades relativas a la dimensión social que en ella alientan, etc.

No, no resulta fácil escapar a tantas contradicciones. Hasta cierto punto, se entiende que haya eclosionado tanta fatiga en torno a la realización de la propia vida. Con estos presupuesto, parece lógico que algunos opten por el individualismo, es decir, por el diseño de ciertas trayectorias centradas en el propio yo, singulares e individualistas, a través de las cuales hacer rodar y deslizar las propias vidas.

individualismo
circunstanciado
y fatigoso

Pero, en todo caso éste será un *individualismo condicionado y dependiente* de las circunstancias sociales en que al hombre contemporáneo le ha tocado vivir. Y, por eso, siempre se tratará de un *individualismo circunstanciado y fatigoso*, sin que pueda emanciparse del todo de esas circunstancias que tanto le aherrojan. Todo proyecto biográfico personal es rehén de la propia historia, de las circunstancias, del contexto y del escenario social donde ha de realizarse.

Cualquier proyecto personal está transido por lo circunstancial. Entre otras cosas porque no se puede tratar de conquistar la identidad personal y la realización que a ésta sigue, sin plantearse la obtención de ciertos logros sociales. Los mismos valores que inspiran el tipo de persona que cada uno quiere llegar a ser, proceden de otros. Nadie se ha dado a sí mismo los valores por los que quiere optar y que suelen inspirar el diseño de su propio proyecto biográfico.

La emergencia y puesta en escena de las nuevas necesidades consumistas exige cada vez mayores esfuerzos de las personas –esfuerzos hercúleos–, para obtener un éxito que es probable que el cansancio de la propia naturaleza le impida disfrutarlo.

necesidades consumistas

De aquí que se apele, entonces, al *consumo de psicotropos*, que estimulen el humor y multipliquen las capacidades individuales. La nueva química para combatir la ausencia de esperanza, sólo con muchas dificultades logra tonificar cada mañana el ánimo de los individuos fatigados. Mediante la medicalización de su malestar e impotencia, asisten atónitos al milagro medicamentoso que, sin apenas riesgos, parece aproximarles un poco más a las metas deseadas.

consumo de psicotropos

Con su consumo inmoderado se les facilita una confortable dependencia, de manera que muchas personas estrenan cada día su vida –o tengan esa sensación–, tras la ingestión de una píldora *milagrosa*. Al proceder así, vuelven sus espaldas al hecho que de verdad más debería importarles –la frustración y el sufrimiento patológico que acompañan a sus mediocres vidas–, sin preguntarse casi nunca acerca de cuáles son en verdad sus causas.

"Las leyes son estables, las costumbres inspiradas". Esta afirmación de Montesquieu pone de manifiesto, también hoy, los dos hechos siguientes. En primer lugar, la transformación de la noción de persona suscitada por las leyes democráticas; y, en segundo lugar, el papel que posiblemente juegue *la fatiga de ser uno mismo*, como etiquetado ventajoso y tolerado con el que se intenta dar cuenta de la mutación social sufrida. Gracias a ella, la ordinaria

leyes democráticas y noción de persona

frustración individual se transforma en otro significado socialmente más asumible: la emergencia de un nuevo y generalizado
trastorno psiquiátrico menor.

Los profundos seísmos que desde la década de los sesenta
caracterizan los debates políticos y el actual ordenamiento jurídico vigente, han dado lugar a *la emancipación de la persona*. El
ideal político moderno ha hecho de *cada hombre un propietario
de sí mismo, un individuo soberano*, que apenas si se ensambla
con algo más que consigo mismo y que, en consecuencia, *no es
capaz de subordinarse voluntariamente a nada ni a nadie*.

El hombre moderno ha logrado al fin la *privatización de su
existencia*, cuyas consecuencias sociales últimas son la regresión y
el declinar de la vida pública. La *nueva libertad*, así conseguida,
anida en las conductas estereotipadas que arruinan las tradiciones
y las cuestiones antropológicas sustantivas de siempre, reducidas
ahora a meras ilusiones retrospectivas.

Surge así un *individualismo de masa*, cuya cuestión nuclear y
última no parece ser otra que la emancipación radical. La cuestión de la emancipación individual ha devenido en algo emblemático del hombre de hoy. La libertad ya no es compromiso con
el poder, sino *soberanía de la gana*. Es como si se hubiera dado
cabal cumplimiento a la vieja profecía de Nietzsche: "el fruto más
maduro del árbol es el *individuo soberano*, el individuo que sólo
se ensambla consigo mismo".

5.2. ¿Sobrevivirá la autoestima en la *cultura del vacío*?

Durante la última década del pasado siglo, muchas voces se
han alzado para pronosticar el auge del *individualismo radical* en
la sociedad del futuro. A lo que parece, hay indicios más que razonables que permiten sostener esta agorera predicción.

Lipovetsky (1986) ha descrito *la era del vacío* con las siguientes palabras: "El ideal moderno de subordinación de lo individual
a las reglas racionales colectivas ha sido pulverizado, el proceso

Margin notes:
privatización de
la existencia

*individualismo
de masa*

individualismo
radical

de personalización ha promovido y encarnado masivamente un valor fundamental, el de la realización personal, el respeto a la singularidad subjetiva, a la personalidad incomparable sean cuales sean por lo demás las nuevas formas de control y de homogeneización que se realizan simultáneamente. Por supuesto que el derecho a ser íntegramente uno mismo, a disfrutar al máximo de la vida, es inseparable de una sociedad que ha erigido al individuo libre como valor cardinal, y no es más que la manifestación última de la ideología individualista".

Ante esta perspectiva, es lógico que nos formulemos algunas preguntas: ¿cuáles son las causas de ese individualismo arrogante?, ¿en qué medida estamos contribuyendo o no a ello con la moda de la autoestima?, ¿cómo se pueden paliar sus nocivos efectos?, ¿no se da acaso una cierta contradicción entre *cultura* e *individualismo*?, ¿sobrevivirá la autoestima en la así llamada *cultura del individualismo*?, ¿qué relación cabe establecer entre los medios y los fines, entre el bien personal y el bien común, entre el individualismo y el comunitarismo?

El *individualismo* surge como consecuencia de un cierto absolutismo: el de las mayorías. Si *el único criterio de verdad* es lo acordado por la mayoría, entonces lo lógico en ese caso es que no haya otra apelación posible. Es imposible apelar, sencillamente porque no se dispone de ninguna otra instancia superior ante cuya presencia conducir las opiniones discrepantes de las que no lo son. Así las cosas, las opiniones defendidas por la mayoría –sean verdaderas o no, que eso ahora importa menos– acaban por alzarse una y otra vez con la victoria.

Esto significa que la mayoría coyuntural –y, en ocasiones, sólo conjetural– se ha erigido en *único criterio de verdad* acerca de la cosa juzgada, es decir, en el criterio por encima del cual no hay ningún otro: el *criterio absoluto*.

Pero la *mayoría* se alcanza por un procedimiento adicional, añadiendo unos votos a otros, sumando unos y otros sectores. ¿Cómo puede resultar un criterio absoluto de la suma de las par-

causas

absolutismo de las mayorías

tes –los individuos que votan– que en modo alguno son absolutos?, ¿de dónde le viene la condición de *absoluto* al criterio de la mayoría?, ¿de dónde procede o en qué se fundamenta la *inapelabilidad* que parece caracterizar a la sociedad actual?, ¿de qué sirve a la persona estimarse mejor a sí misma o luchar por ser la mejor persona posible, si después de todo ha de ajustarse al criterio anónimo de las mayorías?

Tal *ajuste* se nos ofrece como un tanto desajustado. De aquí que se prefiera estar satisfecho consigo mismo, con independencia de que tal comportamiento se ajuste o no al de las mayorías. Pero en ese caso, ¿no se está optando acaso por el individualismo y sólo por el individualismo? Este modo de conducirse se fundamenta en la ideología que postula la doctrina de que "el individuo tiene valor infinito y la comunidad valor cero; que al individuo se le atribuye el valor predominante de finalidad respecto de la comunidad (el medio) de que forma parte".

En estas circunstancias, resulta comprensible que quienes piensen de modo diferente se enroquen en sí mismos y traten allí de hacerse fuertes. Es lógico que respondan de este modo, una vez que se les niega *el pan y la sal* en la opción de apelar, y que lo coyuntural y accidental se transforme en lo absoluto. ¿A dónde ir, entonces?, ¿ante quién reclamar?, ¿no es acaso una clave manipuladora la de fiar el criterio de verdad a sólo el dominio transeúnte generado por *el positivismo del recuento*?

Es lo que sucede cuando el hombre es excluido de la verdad y se le sacrifica en el holocausto de lo meramente cuantitativo, aritmetizable y arbitrario. La coyuntura –el apenas un *instante* de la duración, por otra parte inevitablemente mudable– se ha transformado en el árbitro de la situación y de las decisiones.

No es éste un árbitro circunstancial cualquiera, sino el árbitro único, absoluto y, a causa de ello, el primer principio para la toma de decisiones, sin apelación posible por encima de él. ¿A dónde dirigirse, entonces, para recuperar la autoestima perdida?, ¿quién le devolverá a la persona la convicción de que es un ser abierto a la verdad y, por consiguiente, no sometible, ni subordinado, ni doblegable ante las meras opiniones asentadas en el recuento estadístico? La grandeza del hombre queda mancillada por la tiranía del falso absoluto en que se ha transformado el imperio de la *mayoría*. Surge así otro individualismo, el que hunde sus raíces en la afirmación de lo que no es renunciable, puesto que le va en ello a la persona su propia dignidad, su ser persona.

5.3. Del *individualismo de la mayoría* al *individualismo de la singularidad*

Tal vez por eso, frente al *individualismo de la mayoría* se suscite hoy el *individualismo de la singularidad*, el que da razón y es consecuencia de que la persona se autoexcluya antes de que la mayoría le margine. Es el momento de la soledad y el aislamiento voluntarios, aunque sólo relativamente voluntarios, puesto que no cabe ignorar qué le acontecería a la persona si no optase por subrayar, con todo el énfasis posible, la singularidad de su personalismo.

soledad y aislamiento voluntario

Así las cosas, el *individualismo conduce al igualitarismo no responsable*. Tanto se ha cerrado la persona en sí misma que ha llegado a creer que no tiene responsabilidad alguna para aquellos con quienes funcionalmente se relaciona.

igualitarismo no responsable

Más allá de las relaciones meramente funcionales que hay entre ellos –la función es la columna única de esa relación–, no hay nada: ni responsabilidad, ni acogida, ni donación al otro, ni preocupación por su futuro. Basta con cumplir el código de conducta que se ha consensuado socialmente, de acuerdo con la función que han acordado desempeñar.

En una sociedad así, nadie es responsable del otro, sólo es responsable el que pierde (Mèlich, Palou, Poch, y Fons, 2001). El actual interés social persiste en su voracidad, pero ha sido modulado según nuevas claves interpretativas. Hoy importan más los *derechos del yo* que los *deberes del* nosotros; los intereses personales, que los del grupo; los intereses del grupo, que el interés general; los derechos individuales, que los derechos humanos; la realización personal, que la encarnación de los valores; el narcisismo, antes que el servicio, aunque incluso comporte la exclusión del servicio.

autonomía
personal

La primacía del ser individual es el *valor* que anida en el corazón del individualismo contemporáneo. La *autonomía personal* es la que manda sobre cualquier otra peculiaridad o característica humana. El reconocimiento de que cada persona ha de crecer, realizarse, afirmarse en su valor, autorrealizarse, actuar según sus deseos –y todo ello sin servidumbres ni compromisos previos o futuros con los demás (a los que haya que temer o cargar sobre las propias espaldas y frustren así la autonomía proyectada): he aquí una de las profundas razones por las que la autoestima está de moda y no hace sino crecer, pero no tanto en las personas, sino en cuanto que moda.

excesiva
ocupación
del *yo*

La excesiva ocupación por el *yo* hace que comparezca de inmediato la preocupación por el *mi* (mi cuerpo, mi salud, mi tiempo, mis cosas, mis proyectos, mi aburrimiento, etc.). El *yo* exige el *mi*, del que resulta inseparable y casi indistinguible, como proyección que es de aquél.

El *yo* se refleja en el *mi*, en que aquél se proyecta y recupera. No hay *mi* sin *yo*. El extravío del *yo* en algunas personas consiste, precisamente, en el enajenamiento del *yo* en sus pertenencias, en los *míos* de que dispone (Polaino-Lorente, 1987 y 2003b).

5.4. Cuando el individualismo deviene conformismo

ética
individualista
y conformismo

La *ética individualista* no es precisamente una ética especialmente eficaz para la supervivencia, aunque de hecho puede enmascararse y hacer sus veces. Aislarse, enrocarse en el propio *yo*, negar la presencia del otro es lo propio del individualismo. Pero esto, obviamente, se nota; y se nota demasiado.

Por eso el individualismo tiende a camuflarse en el *conformismo*. Se trata de no llamar la atención, de pasar inadvertido, de no hacer nada diferente, aunque al comportarse de esta forma se logre la más perfecta *despersonalización*, en el más estricto anonimato. Si su comportamiento no se sale de la media, es que todo va bien; es que todo es conforme al orden establecido (*pro bona pace*). Y en ese caso de nada hay que preocuparse, pues tal preocupación sería, además de infundada, desproporcionada.

Ahora bien, cómo no llamar la atención si cada persona es un ser único, irrepetible, singular, insustituible, incomparable, no predecible e incognoscible. Lo lógico sería que un ser así llamase la atención; un ser así por fuerza habría de llamar la atención. Si la mayoría no la llama es porque se oculta en el anonimato mimético, en el "se" impersonal, en el igualitarismo de superficie.

Esto quiere decir que tampoco se comporta como la persona que es, sino tan sólo de acuerdo o conforme al *papel* que se le asigna en el seno de la organización. Por eso, cumple como los demás, pero sin comprometer su propio *yo* con lo hecho. Su compromiso con lo que realiza no destaca ni llama la atención, sencillamente porque hace lo que hacen los demás: ha optado por la ritualización descomprometida y nada comprometedora para su propio *yo*, al que jamás somete al riesgo del justo juego de su propio vivir.

De otra parte, su comportamiento respecto de los otros parece estar guiado por dos principios, *tout court,* de la actual cultura europea, que rezan como sigue: *ese es tu problema* y *cada uno a su bola.* Las dos fórmulas expresan bien las posiciones elegidas por el *yo* y el *tú,* cuando ninguno o alguno de ellos no quiere relacionarse con el otro. He aquí una teoría social explícita de cómo se estructuran las relaciones interpersonales en los ámbitos igualitarios. Pero en un contexto como éste, ¿para qué sirve el autoestimarse mejor o peor?

principios de la cultura europea

Si el otro ya no interpela al *yo,* si el propio *yo* tampoco es interpelador de nadie, ni el *yo* ni el *tú* se comportan como tales. Sentirse interpelado, experimentar que lo del otro nos atañe y concierne, tiene sus riesgos. En efecto, si el *yo* experimenta esas interpelaciones tomará carta en el asunto y se determinará a hacer algo que tal vez institucionalmente todavía no estaba previsto, con lo que creará *problemas.*

Por el contrario, si no interviene, si cierra sus ojos a la realidad y sus oídos a cualquier llamada del otro, entonces su comportamiento seguirá el principio de *pro bona pace,* y será conforme y estará de acuerdo con lo establecido. Y si su conducta se conforma con lo previsto, él mismo deviene *igual* a cualquier otro, por lo que, en apariencia, no constituye problema alguno.

Constituiría un problema –y muy grave, por cierto– si su conducta no es homogeneizada según la media, si se diferencia y distingue de los demás, si se aparta de la *otreidad* institucional igualitaria o si sencillamente toma partida por lo que en el fondo de su corazón –lo que la comparecencia del otro allí le sugiere– considera, personalmente, que ha de hacer.

Pero repárese en lo erróneo de este modo de proceder. En efecto, si *eso es su problema,* la exclusión de tal problema del ámbito del propio *yo* es lo que se configura de inmediato como *problema del yo.* No se trata tanto del *problema,* sino de la *exclusión* del problema realizada por el propio *yo.*

En este sentido cabe afirmar que la *vulnerabilidad del yo* ante cualquier problema humano es inmensa; que resulta muy difícil en estas situaciones, si es que no imposible, separar la propia estima de la estimación de los demás.

Por eso, basta para experimentar un cierto fastidio el habernos autoexcluido de los problemas del otro. El *yo* se comporta como un voraz devorador de los problemas ajenos; basta que le sean presentados en la corta distancia o que disponga de alguna información acerca de ellos –tanto peor cuanto más próxima al *yo* esté la fuente interpeladora– para que el *problema* del otro y su *exclusión* se transforme inevitablemente en el propio problema.

Lo mismo acontece con la otra expresión igualitaria y conformista que reza con una cierta *belle indifférence, cada uno a su bola.* En efecto, si cada persona está en su 'bola', en su juego, en sus faenas, en sus problemas, en ese caso no hay lugar para el *encuentro,* ni para la acogida, ni para la formación del nosotros, ni para la activa participación en el juego del otro.

vulnerabilidad del *yo*

Si al *yo* no se le deja participar en el juego de los otros, es lógico que se aburra; si el *yo* experimenta que se le excluye del juego de los otros se sentirá preterido y minusvalorado, si es que no *ninguneado*.

Ninguna de las dos experiencias anteriores es buena ni reconfortante para el *yo* ni para la autoestima personal. Ambas, por el contrario, trasladan y sepultan en la intimidad humana la zozobra amarga de una trama problemática, que ahora sí se ha convertido al fin en la propia *bola* con la que irremediable y forzosamente *jugar*. Y de no hacerlo, de no seguir esa inclinación natural, de no habérselas con ella, no es posible estar en paz consigo mismo.

No parece que el *conformismo igualitario* aporte algún bien a quien opta por esta postura frente al mundo. En efecto, si cada individuo es autónomo y está desvinculado de todo compromiso con su prójimo, no queda otra salida que la de la *angustia*. Si cada individuo está endiosado en su *ontonomía* y no reconoce compromiso alguno con la cultura, la ética o la fe, entonces, ¿cómo podrá tomar decisiones?, ¿en qué principio podrá fundamentarlas?, ¿qué utilidad le reportará autoengañarse y estimarse a sí mismo más allá de lo que debiera?

Pero si no puede tomar decisiones, ¿para qué le sirve la autonomía que exige y en la que de forma tan exaltada y ansiosa le gusta expresarse, conforme a su libertad? Cuando no se puede tomar determinación alguna, lo único que queda es el fastidio sofocante de la mera opinión. Pero la opinión personal significa muy poco, dada la fragilidad y mudanza a que de ordinario está sometida.

Sin *el compromiso de la razón con la verdad*, lo único que cuenta es la persuasión, la sugestionabilidad, la hipnosis y, desde luego, el *recuento de los votos*. Una vez que la razón ha sido excluida por la *incomparecencia* de la verdad –por la imposible comparecencia de la verdad, ya que no dispone de valor alguno–, cabe todavía dejarse guiar por las encuestas de opinión, las preferencias de los

conformismo
igualitario

ausencia de
compromiso
con la verdad

individuos que recogen las estadísticas, es decir, por la sutil y encubierta *persuasión* que ahora sustituye a los argumentos del discurso racional y a la información que proviene de la percepción de la verdad.

La exaltación del individualismo ha reducido a la persona a un mero número: *una persona, un voto.* La sociedad y su regulación política se rigen en la actualidad por la regla de las mayorías. He aquí los resultados irónicos y conformistas, aunque tal vez excesivamente dolorosos como para pasarlos por alto.

La persona ha exaltado su *autonomía,* al mismo tiempo que se agigantaba su *conformismo.* Este efecto paradójico resulta difícil de explicar. *La expulsión de la verdad* y de cualquier compromiso con ella en la sociedad actual, vuelve a entrar en la intimidad del hombre, aunque por la puerta de atrás, en forma de contabilidad social (recuento de los votos). Pero con este modo de proceder la persona no resulta afirmada sino negada o, en todo caso, confundida y desorientada.

La búsqueda voraz de autonomía e independencia trajo la exaltación del individualismo, que anda ahora a la búsqueda de referencias donde afianzar y afirmar su identidad. El *conformismo* no hace a las personas más únicas, singulares e irrepetibles, como tampoco más autónomas. En todo caso, el conformismo les hace estar, como los espectadores que son, más atentos a las opiniones ajenas. Sólo así podrán advertir enseguida cuál es la *tendencia dominante* o mayoritaria y manejar la propia vida de acuerdo con ella.

expulsión de creencias, valores y tradiciones

La expulsión de las creencias, valores y tradiciones de la sociedad actual ha sido reemplazada por la imposición de falsas convicciones disfrazadas con el *rigor* de lo cuantitativo; la reducción de la religión al ámbito de lo privado ha traído el abandono de la ética social y la emergencia de un sistema de *códigos de conducta* y de falsos valores, en cuyas redes se aspira a encontrar un fundamento para el necesario consenso; el desplazamiento de cualquier conducta religiosa al contexto extra-social ha sido substituido por nuevos códigos de conducta (*lo políticamente correcto*) de obligado cumplimiento (como una exigencia irrenunciable del *desarrollo sostenible*) y ausentes de fundamento.

En una *cultura de la individualidad*, la *libido dominandi*, el *dominio del deseo*, languidece hasta el hastío. El mero desear por desear parece estar tocando fondo y se muestra ahora inapetente y hastiado. Pero a pesar de su inapetencia, todavía ha de hacerse cargo de la factura que ha de pagar por ello, aunque no disponga del deseo de hacerlo. El resultado es un mundo de personas sin hambre de aprender, adensado de problemas intergeneracionales y que rechaza a aquellos que han hecho del afán de servir y abrirse a cada *tú* singular y encarnado, con rostro humano, el ideal de sus vidas.

cultura de la individualidad

5.5. Personalismo y autoestima

Es probable que una de las soluciones al individualismo –por otra parte, la que se presenta como más cercana y natural en la actual sociedad– sea la del personalismo (Lévinas, 1991; Díaz, 1993).

el personalismo como solución

El salto del *individualismo* al *personalismo* precisa de la comparecencia del otro. En realidad, no hay *yo* sin *tú*. La persona es un ser dialógico. Su necesidad de diálogo es tal, que sin él no hubiera llegado a ser quién es, la persona que es.

El *tú* comparece cuando un *yo* cualquiera se olvida de sí, sale de sí y se entrega al *tú*. El resultado de esa entrega es una suma nueva y distinta al *yo* y al *tú* en que se funda: la emergencia del *nosotros*. El *yo* puro se aburre en una libertad alienante por no disponer de ningún *para qué* –ni siquiera para su autoestima– que dé sentido a sus propias elecciones.

el tú como olvido y salida del yo

La aparición del *tú*" hace significativo al *yo*. En cierto modo lo sitúa en un nuevo espacio, en otro horizonte, en la perspectiva que es propia de la persona. Más aún: el propio *yo* se aprehende a sí mismo y conoce y reconoce algunos de sus rasgos y características más relevantes, en presencia del *tú*. Sin la copresencia del *tú*, el yo permanecería ignorante de sí mismo, en muchos de sus aspectos más relevantes y, por consiguiente, impedido y paralizado para estimarse a sí mismo.

necesidad del
tú para la
autoestima

Sin *tú* no hay *nosotros*, como sin *tú* no hay autoestima posible. La emergencia del *nosotros* exige –como razón necesaria, aunque no suficiente– la copresencialidad del yo y del *tú*, y emerge tanto más intensa y sólidamente cuanto más densa, comprometida y vinculante sea la relación que hay entre ellos.

Sin la emergencia del *nosotros* no es posible la vida humana en la sociedad. Esto pone de manifiesto y demuestra que la autoestima no debe llevarse a cabo en contextos individualistas; que la misma cultura –el cultivo de la persona– no es sostenible por el individualismo; que constituye una contradicción terminológica apelar a conceptos como el de *cultura individualista*.

Es posible que cuando se está enrocado y como a la defensiva en actitudes individualistas, la sola presencia del *tú* se viva como una osadía, como algo que restringe la libertad personal, como el molesto acontecimiento que desplaza al yo de su universo vacío. Pero el *tú* es precisamente el que crea las condiciones de posibilidad para que el vacío universo del yo se llene de sentido.

En un contexto personalista, lo natural es que en la medida que el yo crece, el *tú* también deba crecer. Pero, de ordinario, no es esto lo que sucede en muchos ámbitos de la sociedad, alcanzados por *la ideología individualista*. En la mayoría, ante el agigantamiento del yo, los *tú* palidecen y disminuyen su estatura.

Ante un *tú* enano, desvalido y necesitado, el yo de la persona con la que aquél se encuentra suele crecer, olvidarse de sí y ayudarle a remontar su situación. En cambio, ante un yo que se dilata, adensa y endurece en su replegarse sobre sí mismo, lo más probable es que el *tú* que tiene enfrente se empequeñezca, oculte, pase inadvertido y desaparezca.

He aquí dos formas muy diferentes de *crecimiento del yo y de la estima* que suele acompañarle. Las diferencias que se alcanzan no sólo afectan al *tú* de la relación, sino que se vuelven y reobran contra el mismo *yo*. Es el *tú* el que hace grande al *yo* y no éste último a sí mismo. El engrandecimiento del *yo* sin su dedicación al *tú*, conlleva la disminución o extinción del *tú* y, como consecuencia de ello, el aislamiento del *yo*, es decir, su vacía dilatación. Por el contrario, la expansión del *yo*, condicionada por el encuentro y la ayuda al *tú*, hace grande al *tú* y, por eso mismo, el *yo* resulta engrandecido.

He aquí, apenas apuntada, la trama de lo que constituyen las relaciones personales, en función de que se adopte una posición personalista o individualista.

El amor humano de la pareja suscita siempre un nuevo espacio vital en el que el *yo* y el *tú* ocupan nuevas posiciones, aquellas que de forma innovadora y creativa les permitirán a ambos crecer o disminuir, sufrir o gozar, comprender y sentirse comprendidos, proyectarse o arruinarse, comunicarse o incomunicarse, completarse o restarse, dividirse o multiplicarse, identificarse o diferenciarse, alcanzar la felicidad o vivir en el *infierno* (Polaino-Lorente, 1990).

amor humano en pareja

Todo depende de que se privilegie o no desde cada *yo* al *tú* que cada uno tiene frente a sí, de que se opte por apoyar el crecimiento del otro o por sólo el propio crecimiento personal, que se elija primero la felicidad del otro en lugar de la propia. El *yo* crece, *la autoestima crece* cuando se sirve al otro. Servir es sinónimo de crecer, desarrollarse, desprenderse de sí, olvidarse de sí hasta liberarse de sí.

Encerrarse en sí mismo, curvarse sobre el propio *yo*, replegarse en los *mi* del *yo* es tanto como ausentarse del escenario personal que es propio de la persona, y encerrarse en la oscuridad del armario donde jamás entrará la luz.

consecuencias del aislamiento

Aislarse es cegarse voluntariamente para dejar de ser quien se es, como consecuencia de renunciar a cualquier relación emprendedora y fructífera que configura el *nosotros* en que ambos se constituyen.

En el aislamiento del *yo*, la persona es mucho más vulnerable, porque al *centrarse* sólo en sí acaba, de forma paradójica, por *descentrarse*. Y si el centro de su propio ser está arruinado y vacío, entonces es muy fácil que algo –tal vez las mismas circunstancias– o que alguien –la gente, la masa, el *pensamiento dominante*– le organicen su vida y le conduzcan a donde precisamente no quería ir.

5.6. Autoestima y emancipación

El ideal de la emancipación ha abolido la dirección de todo comportamiento, que ahora sólo tiene en cuenta la *situación* en que cada uno debe construir, individual y aisladamente, su propio destino. El hombre se ha quedado sin referencias estructurales, sin los límites que jamás debería haber sobrepasado. Después de esto, apenas si le queda otro derecho que el de escoger una opción –verdadera o falsa–, para llegar a ser quien pretende ser, para llegar a ser sí mismo. Todo esto es compatible con disponer de una alta *autoestima* y, a la vez, odiarla y odiarse en cuanto tal.

Así las cosas, la elección –descontextualizada y privada de toda referencia– amenaza al propio elector con someterle a un movimiento permanente, sin que acierte a encontrar la salida del laberinto de hacerse a sí mismo.

Un principio que parece aceptable es éste: el hombre es, pero no está hecho. Cuando el hombre nace es sólo una posibilidad de proyecto. Por supuesto, no puede hacerse solo ni cualquier cosa que quiera, porque hay muchos y diversos factores condicionantes de las trayectorias por las que opta cualquier persona.

Pero los condicionamientos no son tantos ni tan vigorosos que anulen la libertad. Ser libre significa tener la vida en las manos. Lo que resulte dependerá del uso que se haya hecho de la libertad. Siempre estamos eligiendo; incluso cuando no elegimos estamos eligiendo no elegir.

Con la libertad nos *hacemos*. Pero hay muchas personas que en el empeño de *hacerse a sí mismas* se *deshacen*. Por otra parte, hay también personas muy *deshechas* que, con la ayuda de otros, se *rehacen*. Durante nuestra vida hay momentos en que *nos hacemos* y otros en los que *nos deshacemos*. El resultado depende de muchas cosas y circunstancias que no es pertinente analizar ahora. Pero el resultado de nuestra actividad depende del *proyecto* que cada uno se haya hecho para su propia vida.

Siempre que actuamos lo hacemos por algo y para algo; casi siempre que actuamos nos proponemos un fin, una meta. Si no lo hiciéramos así, nuestro comportamiento no tendría sentido. En el fondo, significaría que no tenemos proyecto alguno y, probablemente, nuestras acciones no podrían llamarse *humanas*: serían meros actos reflejos, como los de los seres irracionales. *Para realizarse como persona* es preciso tener un *proyecto* racional y bien pensado, sobre el cual se haya reflexionado en modo suficiente.

necesidad de un proyecto y un modelo

Es ineludible elegir un modelo que motive la conducta, a fin de poder realizar y satisfacer un proyecto personal. A veces uno está un poco desorientado, aburrido, sin saber qué hacer. Esta es una enfermedad que padecen casi todos los jóvenes y bastante de los adultos de hoy. Uno puede encontrarse un sábado o un domingo *sin saber qué hacer con la vida*. Esta situación indica que no se tiene un modelo ni un proyecto.

Cuando un hombre o una mujer tienen un proyecto de vida, cuando conciben un proyecto acerca de su ser personal, él mismo, ella misma, se *proyectan,* se lanzan con armas y bagaje a la realización de ese proyecto porque se han comprometido con él. Entonces, ese proyecto pasa a ser *vida vivida*, fin de la existencia, compromiso radical y profundo. Y con un talante decidido se impide que haya la más mínima fisura que lo debilite o tuerza. *Sin proyecto, damos bandazos y acabamos en la frustración.*

Elegir un proyecto, proponerse una meta, implica excluir cosas que no encajan en él, que no son conformes con el estilo por el que se opta, que no caben en el programa personal con el que se quiere conducir la vida propia. Elegir implica renunciar. Cuando hay una conducta motivada por un proyecto, uno se alegra de las renuncias que conlleva, porque está comprometido con la opción que ha hecho, como consecuencia de la decisión libre que tomó y que libremente continúa tomando.

enriquecimiento de la personalidad y aumento de la autoestima

Esta es la manera de *enriquecer la personalidad y aumentar la autoestima*. De lo contrario, la persona anda dando vueltas a las cosas a las que ha renunciado, o esquivando el bulto al compromiso asumido, y así la elección –el ejercicio de la libertad– no tiene mucho sentido. Entonces, las circunstancias llevan a la persona a donde no quería ir. Pero no porque sean muy difíciles o más fuertes que ella, sino porque se rinde, porque el proyecto concebido no tenía suficiente fuerza, porque carecía de los necesarios valores. Es posible encontrar hoy a algunas personas que llevan arrastrándose por este mundo durante cincuenta años o más y que no saben aún qué están haciendo con sus propias vidas, que no saben qué hacer consigo mismas.

conocimiento personal: punto de partida

Para saber *qué hacer consigo mismo*, y optar por *un proyecto coherente y satisfactorio*, es preciso conocerse a sí mismo, tarea ésta, por otra parte, nada fácil. En este sentido, se cometen muchos errores respecto del propio conocimiento, por estimarse a la baja o por sobrestimarse más allá de lo que es objetivamente razonable. En este aspecto vital reside también la importancia de la *autoestima*.

Con un conocimiento de sí mismo un poco más puesto en razón es harto probable que se hubiese crecido mucho y se hubiese contribuido a hacer más felices a muchas personas. Pero tal vez como esa persona ignoraba los numerosos valores naturales de que disponía –*autoestima*– y nadie se los mostró, no se decidió a crecer en ellos. Tal vez por eso disponga de un concepto negativo de sí mismo (autoconcepto).

Desarrollando los valores positivos que cada persona tiene, y libremente quiere desarrollar con ayuda de los demás, es como se logran las *virtudes*, que son las que hace valiosas a las personas. Hay que acabar con la ignorancia acerca de sí mismo y con la sobrestimación de lo negativo, porque eso constituye el más radical pesimismo antropológico, bajo cuya sombra no es posible el crecimiento personal.

Para ello es preciso proponérselo, proyectarse activamente, lanzarse hacia unos valores concretos y desarrollar las virtudes correspondientes. ¿Cómo? Ejercitando la virtud. No hay otro modo. *Es creciendo en la virtud como mejora la estima personal.* Pero es preciso no olvidar la fragilidad de la condición humana, la levedad del ser, los límites que, por conocidos, han de ser asumidos y modificados en lo posible.

(margen: valores concretos)

Por el contrario, la abolición de las fronteras entre lo posible y lo imposible, la extinción de todo límite en la tarea de hacerse a sí mismo disuelve cualquier probable referencia orientadora. Pero ciertos límites –no se olvide– son siempre necesarios, pues están al servicio de la regulación del orden interior, sin el cual resulta poco menos que imposible salir del laberinto.

5.7. Autoestima e ideales individualistas

Como consecuencia de ello, no parece sino que el *relativismo* presida y regule hoy las relaciones entre el individuo y la sociedad. La disciplina de la obediencia se ha transformado en mera toma de decisiones e iniciativas. En lugar de que la persona se ajuste a las normas de un orden determinado (su conformidad con la ley), sólo cabe ya atenerse a lo que le place a su ser individual. Una vez que se ha emancipado de aquéllas, sólo puede regirse por lo que le es permitido por sus resortes interiores, de acuerdo con su competencia mental.

(margen: relativismo)

Abolidas las normas para orientar el propio comportamiento –y la sujeción a ellas–, sólo queda para la construcción del futuro personal, los ideales del *yo* y la motivación circunstancial, *lo que se alza como sugerente y atractivo en cada instante*, poco importa que tenga mayor o menor relevancia para el destino personal o el servicio a la comunidad.

El proyecto individual momentáneo, así elegido, se yergue entonces como el único bastión que es preciso alcanzar. La propia vida se estimará en más o en menos, en función de que se consiga o no el comportamiento que se deseó y la exitosa imagen social que a aquél suele acompañar.

nuevos ideales individualistas

La gigantesca iniciativa al servicio exclusivo de la construcción del *yo* suele acompañarse, como es natural, de una *docilidad contrahecha y servil* respecto de lo que la sociedad califica coyunturalmente como exitoso. He aquí el balance, el perfil que resulta de los *nuevos ideales individualistas*.

De acuerdo con ellos, se establecen los *nuevos principios* por los que en el futuro habrá que regirse, tal y como se manifiestan a continuación:

1. Has de autoestimarte tanto como valga tu *yo*.
2. El *yo* personal vale tanto como el éxito que obtenga.
3. Has de comportarte, en consecuencia, de acuerdo a lo que en cada preciso momento la sociedad juzgue como exitoso.

Conforme a los anteriores *ideales* individualistas, es muy difícil que la autoestima hinque sus raíces en el centro del propio ser personal, sin que apenas se haga referencia a los otros, es decir, a las personas entendidas como seres concretos, singulares e irrepetibles.

Es lógico que una *autoestima* así configurada, apenas si diga o haga referencia al tejido social, en cuya composición el propio yo apenas si entra, sencillamente porque no es capaz de crear vínculos sólidos, vigorosos y comprometidos. Nada de particular tiene, por eso, que hoy se tema y se rehúya tanto cualquier compromiso, por pequeño que éste fuere.

soledad del *yo* individualista

La *soledad del yo individualista*, que de esta forma se construye, resulta también ajena a las instituciones que, lógicamente, están ausentes del nuevo escenario donde el *yo* emerge. Aquí sólo parece abrirse paso –y con muchas dificultades– la institucionalización del propio *yo*. Pero un *yo* que resulta realzado de esta suerte, siempre será un *yo* poco estable, inconsistente y lábil, cuya fragilidad tiene, por su propia naturaleza, los días contados.

En efecto, su excesiva docilidad a los supuestos *valores institucionales* a los que se subordina –y de los que depende– y su desmedida iniciativa y apresuramiento en alcanzar el éxito –cuyos criterios son socialmente tan versátiles– hacen de él una instancia demasiado fugaz para que pueda soportar el peso de la vida, sin que le arruine el paso del tiempo y pueda con alguna fortuna llegar a sobrevivir en su marcha incesante.

5.8. Autoestima e *individualismo de masa*

Una vez disuelta la socialidad de la persona, en el sentido que da a este término Zubiri (1992), es lógico que surja la pertinente patología, consecuencia de su abolición. Una patología ésta que se compadece muy bien con la ausencia de un marco de referencias estables, en el más dilatado ámbito de un universo disfuncional caracterizado por la *ausencia de ley.*

La autoestima de la persona individualista es la de un ser en ruina que, liberado de todo marco de referencias, ha logrado abolir su responsabilidad (?), pero a costa de canjearla por la *culpabilidad.*

El resultado de estas transformaciones del *yo* es la eclosión de un *individualismo de masa* –tan extenso y generalizado como difícil de sufrir–, precisamente por la imposibilidad de satisfacer en lo hondo de su ser la necesidad de autoestimarse, de encontrarse consigo mismo, de decirse a sí mismo: "Estoy satisfecho. Estás donde tienes que estar. Eres quien debe ser".

El *yo* individualista de muchas personas se nos manifiesta hoy bajo las apariencias de ser el único *soberano*, socialmente vigente. De un *soberano* cada vez más próximo a la depresión, puesto que ha suprimido cualquier valor en el mapa axiológico, que sirva para la configuración de su propia identidad. Y, naturalmente, está cansado, ¡muy cansado!, demasiado cansado de tanto esfuerzo realizado, sin que ni siquiera haya logrado tomar conciencia de su identidad personal.

Un *yo* que se debate ante las puertas de la depresión, si de algo carece es de autoestima. La *abolición del reto de la responsabilidad* le ha dejado vacío por dentro y culpable por fuera. Acaso por eso,

culpabilidad
en vez de
responsabilidad

abolición del
reto de la
responsabilidad

hasta la atalaya de sus dudas y temores se alza con vigor inusitado el temor a haber equivocado el camino, de haberse jugado la vida entera a una carta equivocada, de haber contribuido a la construcción de un *yo* que en absoluto le pertenece porque, sencillamente, en nada coincide con lo que es propio de su ser personal.

En consecuencia, la vida humana que de aquí emerge resulta *invivible*, dada la ambivalencia de las fronteras que la circundan: una *frontera interior* (problematizada por la culpa) y una *frontera exterior* (asentada, borrosamente, en la aparente satisfacción de una disciplina sin fundamento, recreación espontánea y transitoria del fluir social incontrolable).

Desde esta perspectiva individualista, tras su máscara de tristeza, astenia e inhibición, la depresión denota la misma imposibilidad de vivir, la extrema dificultad para iniciar cualquier pequeña acción o proyecto. Tal vez por eso, la temporalidad que vive el individualista es la de un tiempo sin futuro ni energía, que apenas tiene voz para gritar en su impotencia: "ya nada es posible".

La solución que propone Ehrenberg (1998) es *sustituir la culpabilidad por la responsabilidad*, de manera que asumiendo la persona esta última se libere de aquella.

5.9. El individualismo democrático

dos ideales contradictorios

El nuevo individualismo democrático se debate, en el ámbito personal, entre dos ideales contradictorios: ser una persona para sí misma (individualismo) o ser una persona para un grupo humano, que tira de sí mismo hacia una existencia sin significado (sociedad democrática).

libertad enferma

Esto es lo que acontece cuando se ha abolido todo marco de referencias, cuando ya no existe ningún soberano que decida por todos, ni ningún guía religioso que oriente nuestras decisiones. Unos y otros han sido reemplazados por dos instancias singulares: el refugio en la interioridad y la resistencia ante el conflicto. Pero concebidas cada una de ellas de esta forma, forzosamente han de converger y encontrarse en la persona singular, en la que antes o después emergerá la *subestimación*, la estima personal a la baja.

Las anteriores circunstancias y comportamientos generan un modo especial de locura: una *enfermedad de la libertad*, incapaz de encontrar ya su justificación en lugar alguno. Es la consecuencia que se deriva del intento de sustituir una categoría sustantiva por otras accidentales. En lugar de un alma –un concepto inseparable de la noción de pecado–, se han suscitado nuevas categorías que aspiran a sustituirla (espíritu, psique, interioridad, estado mental).

La misma interioridad resulta hoy una ficción que apenas si denota lo íntimo de uno mismo. Pero más allá de la ficción, *la interioridad personal continúa conservando un vestigio de lo sagrado: el reconocimiento de una verdad no manipulable.* Y esto aunque el hombre moderno se refiera a ella con la misma devoción mágica que los pueblos primitivos se referían a la metempsicosis.

Mira y López (1958) sintetizó muy bien lo que acontece en estas personas al escribir lo que sigue: "Llegados a la edad madura, sufren al ver el fracaso de sus vidas: tratan de revivir sus existencias y se dan cuenta que es demasiado tarde para ellos; tratan de consolarse con la promesa de un venturoso más allá y les falla su fe religiosa; tratan de resignarse a seguir viviendo como hasta entonces y les falta energía para conformarse. Todo ello los lleva hacia el suicidio, hacia la neurosis o hacia la perversión, mas en todo caso los descentra progresivamente y los priva de paz y de satisfacción".

5.10. Individualismo e institucionalización de la autoestima

Así las cosas, el individualismo conflictivo ha llegado a institucionalizar la autoestima, y viceversa. Más aún, no parece sino que *la autoestima* constituyera *una condición de la democracia*, la condición necesaria en que fundamentar el moderno individualismo.

De aquí que cada individuo esté en guerra consigo mismo. Pues, para llegar a ser uno mismo es preciso separarse de sí, descubrir

guerra consigo
mismo

al otro, olvidarse de sí, es decir, dirigir la aburrida y cansada mirada ahíta de sí a otras referencias distintas. Pero este programa es el que, al parecer, hoy no está de moda, y son muchos los que tal vez no quieran, no sepan o no puedan siquiera proponérselo.

construcción
individualista
del propio yo

Por el contrario, hoy se prefiere continuar esforzándose en la construcción individualista del propio *yo*, como seguro sendero para afianzar más y mejor la autoestima personal. Pero ya se ve que tal esfuerzo a nada conduce. Pues, aunque a la persona le sea permitido e incluso recomendado alcanzar un elevado nivel de estima personal —como efecto de la institucionalización social de la autoestima—, el hecho es que el desfondamiento causado, precisamente, porque ésta se toma como un *absoluto*, lo frustra e impide.

Al moderno individualista le queda la capacidad, eso sí, de bracear ineficaz y desesperadamente en el vacío de su existencia. Una experiencia ésta, la mayoría de las veces, insoportable e inútil. De aquí también, ciertamente, el recurso a los *psicofármacos* y a las *psicoterapias*, a fin de sobrenadar en el conflicto. Un recurso éste que puede mejorar el propio comportamiento e incrementar la autoestima que sigue a aquél, pero con el grave riesgo de que la actividad personal devenga en una acción mecánica, automática y compulsiva.

consumo abusivo
de antidepresivos

El *consumo abusivo de antidepresivos* por esta vía, pone de manifiesto la imposibilidad de una autoposesión completa de sí mismo, sólo desde sí. El uso abusivo de antidepresivos por numerosas personas que no padecen de depresión, hace patente la eclosión de una nueva esclavitud: la esclavitud de sí mismo, del ideal del *yo*, de alcanzar el éxito a toda costa.

Los antidepresivos y las drogas, en general, constituyen hoy la figura simbólica empleada para definir el salvoconducto de un *antisujeto*. Si la *depresión* se interpreta erróneamente como la historia de un sujeto que no se estimó a sí mismo, que no se ha encontrado a sí mismo, el consumo abusivo de antidepresivos hace patente la nostalgia y la desesperanza de quien se perdió a sí, de quien deshizo su propio *yo* al intentar hacerse a sí mismo, siguiendo el dictamen de los parámetros coyunturales, y siempre provisionales, del actual éxito social.

El individualismo nos pone de manifiesto a una persona sin dirección, fatigada por tratar de dar alcance a un propósito que, sólo a duras penas, podría ser coincidente con ella misma. Una persona, en última instancia, siempre circunstancial y fugazmente sostenida por la compulsión del activismo de su comportamiento y del consumo de antidepresivos. La depresión así entendida no significa en este contexto un *déficit de autoestima*, sino *una patología de la desdicha*, una patología del cambio vital de alguien, en cuyo desarrollo personal sólo se buscaba a sí mismo.

depresión como patología de la desdicha

5.11. Autoestima, depresión y Psicofarmacología

Por muy intensa que sea *la fatiga de ser uno mismo*, por muy deficiente que sea la autoestima experimentada, el hecho es que las depresiones existen –y, desgraciadamente, con mayor frecuencia de lo que podemos imaginar–, y la mayoría de ellas responden bastante bien a los oportunos tratamientos psicofarmacológicos.

Las personas sufren, con independencia de que su sufrimiento depresivo trate de comprenderse y explicarse apelando a unas u otras teorías, poco importa lo brillantes y elocuentes que muchas de ellas sean. Sería estúpido considerar que la depresión es tan sólo una excusa para no tener que enfrentarse a problemas personales que, probablemente, mejorarían con voluntad y empeño.

realidad del sufrimiento

La apelación a tal *voluntarismo* –en ocasiones, envuelto en moralina–, resulta impotente para explicar la depresión y, mucho menos, para aliviarla. Antes, al contrario, la mayoría de las veces la empeoran. Conviene no olvidar que el sufrimiento de los depresivos, en muchos de ellos, se acompaña de ideas suicidas, por lo que *la terapia voluntarista* propuesta podría activar y poner en marcha un desenlace fatal para la persona deprimida.

**abuso del
autodiagnóstico**

Esto no significa que no haya personas que abusen del auto-diagnóstico de depresión –sin que afortunadamente la padezcan–, para tratar de legitimar así muchas de las dificultades con que se encuentran y que todavía no han resuelto. Desde el principio de la década de los noventa, este abuso viene aumentando. El *New York Times* lo ha puesto de manifiesto recientemente, denunciando en su primera página lo que enfáticamente denominó como *la cultura de la droga legalizada*.

Pero más allá de estos abusos, preciso es reconocer que la depresión comporta casi siempre un desorden bioquímico sustancial, consistente en muchos de los pacientes en una deficiencia de serotonina. El hecho es que cualquier inhibidor selectivo de la recaptación de esta sustancia mejora, a muy corto plazo, los síntomas depresivos.

**¿antidepresivos
o drogas de
la felicidad?**

En todo caso, ningún antidepresivo actúa como la *droga de la felicidad, la droga de la autoestima,* sino tan sólo como un fármaco eficaz para el tratamiento de esta penosa enfermedad. Y esto con independencia de que su consumo se haya puesto de moda, también entre personas con problemas, que en modo alguno sufren este trastorno. Pero ello no invalida ni recorta la eficacia de los antidepresivos en aquellos pacientes en que su administración está indicada.

Sin que constituyan una panacea universal, los *antidepresivos* no dan la felicidad, ni vencen la misantropía, ni mejoran las relaciones con el otro sexo, ni constituyen la única solución para la mejora de la autoestima, ni hacen más fácil la consecución del éxito. Su uso debiera restringirse a sólo la terapia de ciertos tipos de depresiones, donde han demostrado ser eficaces.

Sin ánimo de adoptar una postura ecléctica –útil para el consenso y contentadiza para muchos–, es preciso admitir que los que abusan de su consumo se instalan, probablemente, en esa franja, extensa y movediza de nuestra sociedad, donde habitan los que *están confundidos.*

Esto es lo que sucede en la actual *cultura del narcisismo* (Lasch, 1999), una cultura que trata de ahogar el sentimiento de inferioridad y de facilitar la consecución del éxito y la adquisición de poder, y cuya filosofía de la vida sostiene, entre otras muchas cosas, que *el fin justifica los medios.*

La voracidad colectiva por el éxito y la relevancia personal –otra consecuencia de la *cultura de la imagen*–, hace que muchos prefieran hoy el placer a la felicidad, la estimación social a la autoestima, la máscara con que se disfrazan a su propio rostro de personas.

5.12. La autoestima y el conocimiento de la naturaleza humana

El comportamiento, sin fundamento, de los que abusan del consumo de psicofármacos habría que tratar de explicarlo mejor, apelando a lo que es la naturaleza de la persona que a las características, más o menos emblemáticas, de la actual cultura.

La persona es una realidad irrestrictamente abierta, cuyo centro se sitúa siempre fuera de sí. Una persona está tanto más centrada y es más madura, cuanto más pone el centro de su vida en los otros. Cuando la persona sitúa su centro en sí misma, se problematiza. Porque al curvarse sobre sí, desde sí, casi siempre se tropieza con el *aburrimiento* y la *angustia*. He aquí una consecuencia de la naturaleza *ex-céntrica* de la persona.

La *cultura del narcisismo* ha contribuido, sin duda alguna, a la hipertrofia del *yo* y todo su amplio cortejo, como consecuencia de la elevación del deseo social de autoestima. Mas la hipertrofia del yo conlleva casi siempre el empequeñecimiento del *tú*, un cierto enanismo del *tú*. La relación entre un *yo* gigante y un *tú* enano no suele ser satisfactoria para ninguno de los dos. La relación con un *tú* enano agiganta el *yo*, pero también casi siempre lo neurotiza. Una relación así no puede generar tejido social alguno, sino que más bien lo disuelve y, en consecuencia, lo que crece es el aislamiento, la soledad, es decir, el déficit en la autoestima.

cultivo del narcisismo e hipertrofia del *yo*

hechos para la donación

La persona está hecha para la donación, para la autoexpropiación en favor del otro. Pero nadie puede autoexpropiarse si, previamente, no se posee a sí mismo. Si no se tiene a sí mismo, la persona nada de sí puede dar –nadie puede dar lo que no tiene– y, por ello mismo, de nada le sirve tratar de abrirse a los otros.

El replegamiento en sí mismo, el curvamiento solitario sobre sí mismo –el *ensimismamiento*– obtura la apertura de toda relación humana que queda, por eso mismo, clausurada. El infierno no son los otros, como decía Sartre, sino *ese solipsismo grotesco y estéril que anida en el individualismo*.

Por el contrario, las relaciones armónicas entre el *yo* y el *tú*, consolidan y robustecen la autoestima de ambos. Al dar lugar a la fundación del *nosotros* –que es dónde, de verdad, la persona se realiza–, se fortalece y vigoriza el tejido social.

ningún antidepresivo genera la autodonación

Ningún antidepresivo –aunque, en apariencia, su consumo vigorice al propio *yo*– genera las consecuencias a las que antes se ha aludido, en virtud de la donación de sí mismo. Es probable que, en algunas de las personas que se automedican, el consumo de antidepresivos contribuya a mejorar su autoestima y al acrecentamiento aparente del *yo*, pero casi siempre –también en esos casos– a costa de la extinción del tú.

No es éste el camino que hay que seguir para ser feliz. Por el contrario, este es el sendero que conduce a la *infelicidad personal*. Cuánto mayor sea el acrecentamiento del *yo*, tanto más se robustece el pensamiento mágico infantil que aleja de la madurez y disminuye la capacidad de amar.

consecuencias de la hipertrofia del yo

Consecuencias de la *hipertrofia del* yo son, entre otras muchas, el aislamiento social, las experiencias de vacío existencial, la violencia, la enajenación y la huida de sí a través de las numerosas adicciones hoy de moda (alcohol, narcóticos, trabajo, ansiolíticos, sexo, videojuegos, ordenadores, etc.).

Ante la ausencia del propio conocimiento, sólo cabe huir de sí mismo. Pero es ésta una actividad absurda que tiene un buen parangón en el mito de Sísifo, pues nadie puede huir de sí, desde sí. He aquí la raíz de la pérdida de la autoestima y de la inmadurez de muchas personas en la actualidad. Esto es lo que sucede cuando se corre sin saber a dónde, o se vive la vida sólo desde la máscara que no se es.

¿De qué le sirve a la persona automedicarse para, fingidamente, exaltar su propio *yo*?, ¿de qué le sirve a la persona que, cada semana, su terapeuta trate de elevar su *yo* con gratificaciones, alabanzas y refuerzos, si unas horas después de haber estado con él, se siente otra vez frustrada y experimenta de nuevo el vacío?, ¿acaso puede alcanzarse la felicidad, replegándose en sí misma?, ¿qué es lo que propiamente una persona así consigue, a cambio de aislarse y tratar a los otros desde la más completa indiferencia e impermeabilidad?

riesgo de
autoengaño en
la medicación

No parece que éste sea el procedimiento más idóneo para el crecimiento personal y la innovación social. Desde el *aislamiento* es imposible que nazca ningún tejido social, pues como escribe Polo (1981), "todos los miembros de una sociedad son sujetos, y cada uno puede ponerse en el lugar de otro; las alternativas están entrelazadas. Esto basta para advertir el carácter sistémico de la sociedad. La sociedad depende de las alternativas de todos. Si la alternativa sólo es de uno, se desencadena la entropía social". ¿No estaremos hoy ante los efectos de esa *entropía social* generada a causa del individualismo?

"¿Tenemos derecho a limitar la grandeza del hombre –escribe Van der Meersch– a nuestra propia talla?, ¿nos atreveríamos así a decapitar a la humanidad de todo lo que sobrepasa la mezquindad del más pequeño de nosotros?"

Tal modo de proceder no parece que sea la estrategia más conveniente a seguir para aumentar la autoestima. La autoestima tampoco es *un nuevo derecho humano*, como algunos piensan. Por el contrario, la autoestima es apenas un *deber* que cada persona tiene para con ella misma, para ser ella misma, para llegar a ser quién es, quien debe ser, de manera que pueda alcanzar, desde la libertad, autoexpropiarse en favor de los otros, que eso es amar.

la autoestima
más que un
derecho es un
deber

6

En busca de la autoestima perdida

6.1. Introducción

En los anteriores capítulos, se ha aludido, una y otra vez, al déficit de autoestima en numerosas personas. En realidad, es posible afirmar que casi nadie –y muy pocas veces, por cierto– ha logrado autoestimarse de una forma plena, de manera que su satisfacción sea completa. Por otra parte, lo más frecuente es que la mayoría de las personas pierdan o extravíen su autoestima a lo largo de su dilatada y compleja trayectoria vital. En cualquier caso, *la autoestima ideal* no parece que se haya realizado –ni siquiera durante un breve período de tiempo– en ninguna persona.

¿Acaso está la persona condenada a no alcanzar la autoestima que desea?, ¿es que ha perdido la autoestima o es que todavía no la ha encontrado?, ¿se conforma la gente con apenas una autoestima mediocre y rudimentaria, mientras se renuncia a la consecución de la autoestima ideal?, ¿no estará el hombre contemporáneo buscando un ideal inalcanzable?

El asentamiento de la estima personal parece estar sometido a un itinerario zigzagueante de encuentros y desencuentros, de rupturas y renacimientos, de despedidas y reencuentros sin que al parecer alcance su propio destino.

En otros casos, ese itinerario está jalonado por auténticos *encontronazos*, en los que la persona descubre con sorpresa que no era como se pensaba; que, en realidad, tal rasgo de su personalidad es inexistente; que su imagen social no coincide exactamente como hasta entonces la había percibido; en definitiva, que va de sobresalto en sobresalto, porque no acaba de conocerse a sí misma.

No siempre estos *encontronazos* tienen un contenido negativo. Hay ocasiones, en que ante la persona se desvelan también valores, rasgos, actitudes y comportamientos –por cierto, muy positivos–, de los que hasta ahora no se había percatado. Son éstos, momentos estelares de una biografía, en que reverbera un cierto fulgor de la felicidad todavía alcanzable. Con independencia de estos luminosos *encontronazos*, es fácil reconocer en cada biografía la presencia de ciertos hitos en que, sencillamente, se ha perdido la autoestima.

6.2. ¿Cómo se pierde la autoestima?

crisis
vitales

La primera consecuencia de estos *encontronazos* entre la razón y el corazón, a los que antes se aludía, es la de suscitar auténticas *crisis vitales*, sobre todo cuando se resuelven mal y su contenido es negativo. A continuación se pasará revista a algunas de las causas por las que la frágil autoestima puede perderse.

desconocimiento
personal

Hay muchas razones para perder la autoestima, acaso demasiadas. En primer lugar, todas las que se derivan del hecho de *no conocerse a sí mismo*. Si no nos conocemos, es lógico que no nos estimemos. Esto que parece tan sencillo es, no obstante, muy complejo. Porque no todo lo que conocemos en nosotros y de nosotros es estimable. En cada persona hay muchas cosas que son estimables, como también otras muchas que no lo son. Por consiguiente, el conocimiento personal se muestra aquí como un factor determinante de la estima personal.

Si sólo conocemos algunos rasgos negativos y ninguno positivo, es lógico que nos subestimemos. Por el contrario, si sólo conocemos algunos rasgos positivos y muy pocos o ninguno negativo, es también lógico que nos sobrestimemos.

El conocimiento personal se torna muy problemático cuando consideramos la diversidad de rasgos positivos y negativos que caracterizan a cada persona. A eso hay que añadir la *diversidad en los modos de conocerse* a sí mismo –en lo positivo y en lo negativo– que son característicos de cada persona.

diversidad de modos de conocimiento personal

Puede afirmarse, pues, que el balance cognitivo resultante en cada persona es tan diverso y plural que no hay dos estilos cognitivos idénticos, como tampoco hay dos personas que coincidan plenamente en el modo en que, recíprocamente, se autoestiman. A pesar de ello, es conveniente decidirse a esa aventura del conocimiento personal. Se trata, pues, de zambullirse, descender y adentrarse en las profundidades del propio ser, lo que no está exento de dificultades. Sumergirse en la oscuridad de la propia intimidad para allí conocerse a sí mismo, comporta ciertos riesgos y sufrimientos, por otra parte, nada placenteros.

no hay dos estilos cognitivos idénticos

Es preciso descender desde donde se está, lo que implica un cierto abandono de la situación en que se estaba instalado, y de lo ya conocido.

exigencias del conocimiento personal

Es necesario adentrarse en un ámbito desconocido –y por ello muy apropiado para que emerja la angustia– en el que, además, hay que acostumbrar la mirada a la oscuridad.

Es conveniente aplazar el deseo de regresar a la cómoda y confortable situación anterior, desde la que se partió.

Es preciso renunciar a todos los estímulos y satisfacciones que el entorno le procuraba, para ocuparse sólo de la propia intimidad.

Es pertinente, además, arrojar las dudas acerca de qué pueda encontrarse en la oscuridad cegadora de la intimidad personal, y si tal conocimiento de sí no modificará dolorosamente la persona que se cree ser.

Éstas y otras muchas dificultades son las que desaniman a la mayoría de las personas a tratar de conocerse a sí mismas. Tal conocimiento exige la ejecución de un movimiento paradójico: *salir de sí* (de lo que es conocido) *para encontrarse consigo mismo*

éxodo personal: riesgos y exigencias

(en lo que tiene de desconocido). Es decir, el conocimiento de sí mismo exige el abandono de sí mismo, la renuncia al estatus ya alcanzado y el alejamiento de todas las pertenencias, vinculaciones y compromisos que constituyen el entretejerse de las relaciones donde suele anidar la seguridad personal alcanzada.

Todo lo cual, para qué dudarlo, comporta un cierto riesgo. Se comprende muy bien, por eso, que muchas personas opten por estar prisioneras de su propia ignorancia. Ahora bien, ¿se puede ser feliz desde la ignorancia de sí mismo? Si, como se ha dicho, toda persona desea saber y saber acerca de sí, entonces no parece que la ignorancia satisfaga ese deseo, por lo que habría que concluir más bien que *las personas que no se conocen a sí mismas no pueden ser felices.*

De otro lado, el saber acerca de sí satisface ese concreto deseo, pero no asegura cuál sea su resultado final. *Saber acerca de sí* supone una apropiada conformidad entre la realidad de quien se es y el deseo de conocerse. Pero la realidad y los deseos casi siempre son disconformes, por lo que la aventura del propio conocimiento comporta o puede conllevar un cierto *sufrimiento.* Parece ser cierto que, más allá de ese sufrimiento, las posibilidades de ser feliz aumentan, pero es necesario pasar primero por ese sufrimiento. ¿No será *ese miedo a sufrir* lo que retrae, obstaculiza e impide a algunas personas que se conozcan a sí mismas?

conciencia del amor de los padres

Otro factor relevante consiste en el hecho estable y muy generalizado de que la mayoría de las personas *no son plenamente conscientes del amor de sus padres.* Se cuenta desde luego con él, pero –quizá por la excesiva connaturalidad con que les acompañan– no están abiertos a la reflexión sobre ello y, por consiguiente, es algo que se ha vuelto opaco a sus conciencias.

Es probable que el amor de los padres sea, desde su origen, imperfecto. Pero es muy cierto que, más allá o más acá de esas imperfecciones, ese amor aconteció antes de que nacieran –de lo contrario no habríamos nacido–, y continúa acompañándolos a lo largo de su entera andadura, con independencia de que aquellos supieran expresarlo mejor o peor o de que incluso no supieran expresarlo en absoluto.

El amor de los padres por los hijos continúa siendo un hecho indubitable, incluso en aquellos casos en que ha sido o sólo fue percibido como traumático. Hay casos, desde luego, en que el amor paterno ha sido traumático. Baste considerar, por ejemplo, la violencia doméstica y familiar, hoy en alza. Pero incluso en ese caso, la violencia tiene mucho de pasional, la violencia está vinculada a la afectividad, –todo lo negativa que se quiera, pero afectividad al fin y al cabo–.

Cierto, también, que *no hay dos padres que amen igual* a sus respectivos hijos. De aquí la variabilidad de ese *presentimiento* que está en el origen de la autoestima. A ello hay que añadir el hecho de que *no hay dos hijos que perciban del mismo modo el amor de sus padres.* Por otra parte, los sentimientos íntimos de los padres hacia sus hijos son muy borrosa y oscuramente intuidos por estos últimos. Más bien esa percepción depende de cómo los expresen y manifiesten los padres, y de cómo los perciban y experimenten los hijos.

Pero además, los hijos, como cualquier otra persona, no experimentan del mismo modo el afecto expresado por sus padres. Las personas, respecto de las emociones expresadas por otros, no suelen comportarse de una forma inerte o pasiva, sino que también son sujetos activos, en tanto que receptores de las emociones a ellos manifestada. Es decir, hay una profunda y mal conocida *interacción* entre quienes *expresan* el afecto y quienes *acogen* el afecto así expresado. Unos y otros se comportan activa y creativamente en esa interacción.

Esto dificulta mucho el problema de la comprensión de la afectividad. Hay personas que sólo son sensibles a la afectividad expresada y sólo la acogen cuando ésta está en sintonía con el modo en que ellas quieren ser queridas. Cualquier manifestación afectiva

complejidad del
mundo afectivo

que se les exprese –si no es coincidente con el limitado inventario o repertorio de claves afectivas que son conformes a *cómo esa persona quiere ser querida*–, no será percibida y, por tanto, sentida y experimentada.

Lo que pone otra vez de manifiesto la numerosa diversidad de factores que intervienen en las génesis, pérdida y encuentro de la autoestima.

autoestima y
amor humano

A pesar de estas dificultades o precisamente por ellas, en modo alguno se menoscaba por ello la relevancia de la autoestima. La autoestima dice relación al amor humano del que, sin duda alguna, constituye un importante ingrediente. El amor humano constituye el centro del corazón de la persona. Por eso se ha dicho, con toda razón, que *la vida de una persona vale lo que valen sus amores*. Pero conviene observar que con el término *sus amores* se está designando aquí tanto a las personas a las que ama como al modo en que éstas le aman, además de a la forma en que cada persona se ama a sí misma.

Hasta aquí se ha expuesto lo que suele acontecer en las personas sanas. Pero hay también muchas personas que están enfermas o que lo estarán a lo largo de sus vidas. La afectividad también puede enfermar y, de hecho, es una de las funciones humanas más frágiles y que con mayor facilidad se alteran. Tal vez por eso, el trastorno psiquiátrico más frecuente sea en la actualidad, con mucho, la depresión, considerada en la más vasta amplitud y diversidad de sus manifestaciones clínicas.

Ahora bien, si la afectividad humana se altera con tanta facilidad, es lógico que la autoestima se muestre tan versátil, mudable y frágil, como suele acostumbrar. De hecho, la autoestima se modifica en la mayoría de los trastornos psiquiátricos, aunque nada tengan que ver con la enfermedad depresiva (para una revisión de la Psicopatología de la autoestima, cf. Polaino-Lorente, 2000a).

versatilidad de
la autoestima

Esto sucede especialmente en los así denominados trastornos de la personalidad –hoy tan frecuentes–, en los que en la mayoría de ellos subyace una búsqueda torpe, tosca y muy poco puesta en razón de la autoestima perdida. Se diría que los errores son aquí moneda frecuente, que distorsionan la afectividad y pueden llegar a configurarla de una forma anómala, que más tarde se manifiesta como trastornos del comportamiento (Polaino-Lorente, 2000b).

Sobre la ignorancia de sí mismo, en estos casos, se superponen numerosos *errores y distorsiones cognitivas* acerca de la afectividad propia y ajena. Hay muchos errores en el conocimiento personal de la propia afectividad. Hay muchos errores en el modo de expresar y acoger la afectividad en la interacción con los otros. Hay muchos errores en el conocimiento de lo que se atribuye a la afectividad de los otros, al modo en que la expresan, a lo que se *cree* que los otros conocen, sienten y experimentan acerca de ellos. Hay demasiados errores personales, especialmente perceptivos, acerca de los errores (también perceptivos y cognitivos) que hay en los otros, respecto de la persona a la que expresan y alcanzan con sus emociones.

trastornos de la personalidad

Es cierto, sin embargo, que la emergencia o desaparición de los sentimientos no acontece de modo voluntario. ¿Acaso puede alguien salir a la calle un día concreto y enamorarse, sólo porque *así lo ha decidido?*, ¿es posible que una persona enamorada pueda decretar *el olvido* de quien no le correspondió, y además conseguirlo, sólo porque así lo quiere su voluntad?

A estas cuestiones hay que responder que no, que ni la voluntad puede tanto, ni la razón dirige tan bien. Pero esto en modo alguno significa que los sentimientos sean totalmente autónomos. Disponen, eso sí, de una cierta independencia y autonomía respecto de la razón y la voluntad y, por el momento, nada más. No obstante, es preciso reconocer que los sentimientos dependen de ellas y que a ellas deben someterse, aunque no siempre lo consiga la persona concreta en que esos sentimientos se suscitan.

distorsiones cognitivas

En esto consiste, precisamente, la *educación de los sentimientos*: en que no actúen en solitario y de forma independiente de la razón y de la voluntad. Los sentimientos deben acompasarse y ensamblarse con la razón y la voluntad. Si de verdad pretenden

sentimientos, voluntad e inteligencia

acompañar a la persona de forma armónica en la travesía de su vida, han de someterse a la razón y la voluntad. Pero este sometimiento no es meramente racional ni voluntarista y, mucho menos, una mera acción dispositiva seca, rígida y abstracta. Este sometimiento de los sentimientos a la razón y a la voluntad ha de ser connatural, es decir ha de ensamblarse y estar integrado con lo que la razón entiende y aconseja y con lo que la voluntad quiere.

educación de los sentimientos De otra parte, la voluntad y la razón también tienen necesidad de los sentimientos. Son muchas las aportaciones que éstos les hacen. Entre otras, la de vigorizar las tendencias humanas; la de disminuir el esfuerzo volitivo; la de facilitar y predisponer a la consecución del fin establecido; la de robustecer las tendencias y el compromiso con la acción emprendida; la de fecundar el programa de acción iniciado a partir de una ilusión; la de activar y optimizar los recuerdos que son útiles para ello; la de intensificar y profundizar lo que se quiere, entiende y manifiesta; la de fortalecer las propias convicciones; en una palabra, la de personalizar la acción diseñada, de manera que la totalidad del propio *yo* se comprometa radicalmente con ello.

necesidad de la vida afectiva Sin vida afectiva cualquier relación humana acaba por ser inviable. Los sentimientos y emociones constituyen la *correa de transmisión*, el *feeling, la química* que es imprescindible para que se produzca el *encuentro* y la *sintonía personal*. A través de los sentimientos es como la persona valora, de una forma rápida e inmediata, a las otras personas.

En algunos casos estas valoraciones son erróneas e incluso equívocas, y constituyen ese *fundamento sin fundamento*, en el que se asienta esa *primera impresión* que el otro nos causa. A pesar de que esta *primera impresión* no sea la adecuada a la realidad, suele inducir, sutil y eficazmente, el comportamiento por el que se opta respecto del otro.

En otras circunstancias, esa *primera impresión* es muy acertada, hasta el punto de que el futuro conocimiento de la realidad del otro no será otra cosa que una mayor profundización en los mismos contenidos que se habían percibido o experimentado a través de esa primera impresión.

Algo de esto sucede en los numerosos errores que se cometen respecto de la estimación personal, tanto propia como ajena. La *pérdida de la autoestima* es, en muchos casos, una mera consecuencia de estos errores valorativos que de sí mismas se hacen las personas, a partir de un talante cualquiera.

Los sentimientos hacen relación también a los valores, sobre todo a la percepción de valores, y desempeñan, por eso, una relativa función valorativa que incide en el conocimiento de la realidad. *Los sentimientos ayudan a la razón* a valorar, conocer y reconocer la realidad. Pero esta vinculación entre *sentimiento y valor* no se queda aquí, sino que se prolonga –más allá del valor desvelado a su través–, en la génesis de nuevas actitudes frente a uno mismo. Y las *actitudes* son las que mueven a la persona hacia un determinado *comportamiento*.

Por consiguiente, el proceso del que emergerá ésta o aquella conducta sigue, en muchos casos, la siguiente secuencia: sentimientos, percepción de valor, emergencia de nuevas actitudes y manifestación de nuevos comportamientos. Esta secuencia no puede dirigir la conducta humana a su propio destino, sencillamente, porque le falta la necesaria dirección.

La finalidad del comportamiento no es algo que competa establecer a los propios sentimientos. El propósito, el fin, el objetivo de una determinada conducta es algo que ha de ser establecido por la razón y la voluntad. La anterior secuencia es, por eso, incompleta y muy poco humana, porque se ha excluido de ella a la razón y la voluntad, sin cuya necesaria colaboración, el comportamiento no sería humano. Para que esa conducta alcance su fin, según la secuencia antes establecida, ha de comparecer, al mismo tiempo que los sentimientos, la razón y la voluntad.

Fundamentar la autoestima personal en sólo los sentimientos sólo conduce a perderla. Si la autoestima no está fundamentada, además de en los sentimientos en el conocimiento y el querer per-

---

Marginal notes:

pérdida de autoestima y errores valorativos

los sentimientos ayudan a la razón a valorar

fundamentar la autoestima personal en sólo los sentimientos sólo conduce a perderla sonales, en el mejor de los casos sólo llegará a ser una *autoestima errónea*. Una autoestima así establecida conduce forzosamente a la *frustración*, sea porque los sentimientos en los que se funda son falsos, sea porque sean excesivos o insuficientes o sea, sencillamente, porque no son conformes a la realidad.

Una autoestima errónea –por más, por menos o por cualitativamente distinta a las exigencias de la realidad– conduce siempre al *desfondamiento personal* irritado o apático, arrogante o retraído, excesivamente complaciente o desesperado y, en todo caso, siempre autoengañado.

Una estima así concebida está perdida, porque antes o después descubrirá el *autoengaño* en que consiste. Pero sin autoestima no se puede vivir. La vida personal realizada desde el desfondamiento de la autoestima genera casi siempre, por eso, una auténtica tragedia personal, tanto respecto de sí mismo como en las relaciones con los demás.

¿Por qué no asentar la autoestima en sólo los sentimientos?, ¿no es acaso ella misma un sentimiento, al fin y al cabo, aunque sea uno de los sentimientos más importantes de cuantos el ser humano puede experimentar? La autoestima no se debe asentar sobre los propios sentimientos a causa de la misma naturaleza de éstos.

caracterización de los sentimientos

Los *sentimientos* son siempre fugaces, pasajeros, versátiles y, además, unos y otros se alternan, superponen y sustituyen, como las imágenes de un caleidoscopio. De otra parte, no todos los sentimientos tienen el mismo valor, tanto para la persona que los experimenta como para lo que hace referencia a la dirección del propio comportamiento. Es preciso, por eso, conocerlos y atenerse o no a ellos, hacerlos crecer o extinguirlos, en función de que sean o no los más adecuados para uno mismo y a fin de que el comportamiento personal alcance su propio destino. Cuando esto no se tiene en cuenta, suele perderse la autoestima.

La vida no puede hacerse al dictado de la razón o sólo en función del cumplimiento del deber imperado por la voluntad. Pero no es menos cierto que la vida tampoco puede llevarse a cabo sólo en función de lo que se siente o experimenta. El *emotivismo* es un pésimo patrón de barco en la travesía de la vida, por lo que no hay que confiar en él cuando uno se echa a la mar. La vida no puede estar sólo a merced de los sentimientos y cuando lo está, la vida se hace dependiente de ellos y, por eso, el itinerario vital se torna zigzagueante, sin dirección y sin finalidad y, naturalmente, el barco zozobra mucho antes de alcanzar a avistar el propio destino.

No, no es buen criterio para conducirse en la vida realizar ésta o llevarla adelante sólo en función de *cómo la persona se encuentre* en cada uno de los fugaces e invertebrados instantes de su biografía.

Lo propio de los sentimientos es no saber ni poder mandar sobre la persona que los experimenta. *Los sentimientos no son hegemónicos en la dirección del propio comportamiento*. En cualquier caso, resulta demasiado fácil, en las situaciones comprometidas en que emergen, atribuirles la hegemonía que no tienen. Entre otras cosas, porque son de fundamental importancia –y así se percibe su relevancia subjetiva– como compañeros de la propia vida.

De los sentimientos depende, por ejemplo, el que la vida sea algo fascinante o muy poco llevadera; que las acciones emprendidas resulten atractivas o aburridas; que los trabajos diseñados se vivan como tediosos o apasionantes; que las pequeñas frustraciones que acompañan el vivir humano resulten insoportables o triviales.

Todo esto lo experimenta la persona y hasta cierto punto es comprensible el error de que las personas asienten o entronicen los sentimientos en el lugar hegemónico que en modo alguno les corresponde. Esto es lo que hace precisamente el *emotivismo*. Más aún, gracias al emotivismo se configura una autoestima errónea y próxima a extraviarse desde la que, por otra parte –y esto es algo fundamental en que debe reflexionarse–, la persona se valora a sí misma.

La autoestima es también el metro *con el que medimos el propio valor*. Esta forma de medir el valor personal ha ido más allá de la propia persona y se ha socializado y democratizado. De aquí

autoestima: medida del valor personal

187

que, *tanto te autoestimas, tanto vales.* En función de este nuevo parámetro se juzga hoy el cumplimiento o no de la autorrealización personal, la presencia o no, socialmente, de una vida lograda.

Algunos de los errores por los que la autoestima se pierde, tal y como se ha apuntado líneas atrás, implican un importante desconocimiento personal. En estos casos, es la ignorancia acerca de sí mismo, la que genera esa pérdida de la autoestima. Son esos errores los que inducen a la persona a comportarse como no debería. En otros muchos casos, la autoestima se pierde como consecuencia de haber estimado mal el papel que a la afectividad le compete en el dinamismo de la vida humana.

la autoestima
no debe dirigir
la conducta
humana

Elevar la autoestima al lugar hegemónico desde el que dirigir la conducta humana constituye, pues, un importante error, como consecuencia del cual la autoestima personal se disuelve y extingue.

El primer error se concretaba más en la ignorancia acerca de uno mismo; este segundo error, en cambio, consiste en hacer desempeñar a la autoestima la función que no le corresponde. En realidad, este segundo error forma parte del primero –y en él debe incluirse–, puesto que atribuir a la autoestima la función que no le compete es también, al fin y al cabo, un craso error en el conocimiento personal. En todo caso, este segundo error, como tal error específico, debiera tratarse de forma independiente.

Cualquier sufrimiento y la más pequeña frustración son susceptibles de aminorar la estima personal. Cualquier pequeño rasgo de carácter que no se haya aceptado como debiera o el simple comentario, tal vez irónico, que acerca de nuestra persona se haga, puede hacer descender la estimación personal. Cualquier pequeño fracaso profesional, el compararse con los demás (sobre todo en lo que, en apariencia, tienen mejor que nosotros) o, simplemente, el cansancio que todo esfuerzo conlleva pueden ser suficientes para causar un descenso en la autoestima.

Como puede observarse son muy numerosas las causas que desencadenan o ponen en marcha el que las personas nos autoevaluemos a la baja. Pero esto poco o nada tiene que ver con una pérdida casi completa de la autoestima. Esa pérdida acontece cuando se viven situaciones dramáticas de mayor alcance, como la ruina económica, la ruptura de la familia, la pérdida del empleo, la muerte de la persona a la que más se quería, etc.

En otro sentido, también la autoestima se pierde, aunque de forma un tanto simulada e inauténtica, cuando se piensa con error acerca de los agravios que se han recibido de los otros, cuando por no ser el protagonista de una reunión social se infiere que los demás no le aprecian, cuando es rechazada una propuesta que tal vez había sido sobrevalorada, cuando a una persona le *dan calabazas*, es decir, casi siempre que la persona supone que los demás no le estiman lo necesario. Algunas de estas pérdidas –fingidas o no– rozan el comportamiento neurótico. Aunque pueden superarse espontáneamente, si perdurasen más allá de lo que es razonable sería muy conveniente buscar la ayuda de algún experto psicoterapeuta.

En las líneas que siguen se esbozará, con la mayor brevedad posible, lo que se pueda hacer para encontrar la autoestima perdida. Pero antes se tratará de responder a una cuestión dilemática, establecida desde antiguo, que tiene mucho que ver con la pérdida de la autoestima.

6.3. Emotivismo o racionalismo ilustrado

La polémica entre *cabeza* y *corazón*, pensamientos y emociones, razón y sentimiento constituye uno de esos temas que parecen haberse sucedido a sí mismos a lo largo de la historia, sin que se haya acertado a darles una solución definitiva.

El actual momento cultural esta impregnado de *sentimentalismo*. Acaso por eso –o tal vez como consecuencia de ello–, la autoestima ocupa un lugar prioritario en el actual debate cultural de muchos foros. ¿A qué puede atribuirse el excesivo énfasis que se ha dado hoy a la autoestima?, ¿cuál es la causa de ese *vuelco cul-*

sentimentalismo

tural que se ha producido a favor de lo sentimental? No es fácil dar una respuesta, que sea conclusiva, a estas cuestiones. Entre otras cosas, porque los cambios culturales suelen ser súbitos y en muchas ocasiones no pueden predecirse, además de estar originados por una constelación muy variable de factores, muchos de los cuales pasan inadvertidos o son todavía ignorados.

Pero no sería excesivo ni jactancioso establecer cierta conexión entre el racionalismo que caracterizó a la etapa anterior y el actual emotivismo. Es posible que ese *vuelco cultural* que se ha producido a favor del emotivismo esté causado por el racionalismo que le precedió, además de por otros factores. Desde esta perspectiva, el actual emotivismo se nos ofrece como una reacción, un comportamiento reactivo y generalizado respecto de los ideales que estableció la razón ilustrada.

racionalismo y voluntarismo

Kant (1724-1804) y Hegel (1770-1831) representan bien el racionalismo ético que caracterizó a la Ilustración. Los anteriores autores, como otros muchos ilustrados de los siglos XVII y XVIII, supusieron y llegaron a la convicción de que mediante la ciencia racionalista y abstracta podían resolverse todos los problemas humanos. Por consiguiente, para la resolución de cualquier conflicto habría que apelar a la razón y a la voluntad, facultades humanas sobrestimadas sobre cualquier otra.

En realidad, los filósofos de la ilustración redujeron todo el psiquismo humano a la luz de la razón abstracta y al imperio de la voluntad dominadora. De acuerdo con ello, las otras funciones psíquicas forzosamente habrían de sufrir una estimación a la baja. Nada de particular tiene que, en este contexto, los sentimientos y emociones fueran minusvalorados y, en parte, despreciados.

desprecio de los sentimientos

Algunas de estas ideas ilustradas circulan todavía hoy en nuestra sociedad. El desprecio de los sentimientos continúa estando vigente entre los científicos, a pesar de que este desprecio conviva luego con la generalizada exaltación de los sentimientos en la vida íntima y personal.

Así, por ejemplo, cuando se pretende descalificar la opinión de otro se afirma sin más que su pensamiento es *visceral*, es decir, que su opinión está enraizada más en el corazón que en la razón y que, por consiguiente, no tiene fundamento alguno. En este caso, se atribuye a los sentimientos una fragilidad que en absoluto tienen.

ejemplo

Es cierto que hay que distinguir entre razón y sentimientos, pero no es menos cierto que no pueden separarse radicalmente en el comportamiento personal. No tiene fundamento alguno, por eso, el dualismo maniqueo introducido entre la razón y la emoción, en virtud del cual la razón sería la *buena* y la emoción la *mala*. Razón y emoción funcionan en el ser humano de forma consuetudinaria y se refuerzan recíprocamente.

distinción sin dicotomía

El hombre que piensa es también el hombre que sufre y se alegra. Aunque el sufrimiento o la alegría no *producen* el pensamiento, no obstante, suelen dejar en él una impronta, una huella imborrable que lo atraviesa por entero. Esto quiere decir que los sentimientos fecundan el pensamiento y, en cierto modo, también lo condicionan.

De otro lado, lo mismo sucede si se observa la relación entre ellos, desde la orilla del pensamiento. En las tres últimas décadas, la clínica psiquiátrica ha suministrado numerosas pruebas, que así lo demuestran. Hoy sabemos que la mayoría de las emociones están condicionadas por las cogniciones; que los sentimientos humanos están relativamente orientados y como dirigidos por los pensamientos, aunque no totalmente determinados por ellos ni a ellos completamente sometidos.

No obstante, es posible modificar los sentimientos no interviniendo directamente sobre ellos, sino a través de la modificación de las cogniciones, de las que éstos dependen. Esto es lo que se conoce con el nombre de *terapia cognitiva* o *terapia racional-emotiva* (Beck, Rush, Shaw y Emery, 1980; Ellis, 1980).

terapia cognitiva o racional-emotiva

Hay psicoterapias –en las que el terapeuta interviene modificando y reestructurando las cogniciones del paciente– que, fundamentadas en la interacción armónica de la razón y de las emociones, han obtenido brillantes resultados en el alivio de la enfermedad depresiva y, en general, en muchos de los trastornos de la afectividad.

error del
racionalismo
ilustrado:
afectividad como
una función
accidental

Esto pone de manifiesto el error del *racionalismo ilustrado*, que afrontó el estudio de la afectividad –o tal vez lo desestimó y omitió– como una función psíquica accidental y debilitada de la que, por su irrelevancia, era mejor no ocuparse. La rigidez mental y la inflexibilidad que alienta en el *puritanismo religioso* y en el *racionalismo ético* de algunas personas, tienen aquí su fundamento. Son personas que han puesto *el deber* por encima de todo; *el cumplimiento de la norma* sin apenas la consideración del sujeto que ha de adaptar a ella su comportamiento; *las reglas*, los códigos de conducta y las criteriologías al uso por encima de la persona.

Una atmósfera así diseñada sólo es útil para sofocar y asfixiar a la persona. La misma vida humana, si tuviera que representarse en el escenario del racionalismo ilustrado, habría que diseñarla con el rigor, el cálculo y la exactitud matemática que le son impropios, es decir, habría que proyectarla con una regla, un compás y la tabla de logaritmos. Una vida así concebida acabaría por desvitalizarse y arruinarse, sería una vida que no valdría la pena de ser vivida.

El *pensamiento racionalista* constituye un ideal utópico, por cuanto que la persona humana no se reduce a su pensamiento, el ser no se reduce al pensar y mucho menos al pensar sobre el ser. Si se excluye de la persona todo lo que no es pensamiento y voluntad, ¿sería soportable una vida así vivida?, ¿para qué serviría pensar mucho, y se supone que bien, si ese mismo pensamiento no desvela el misterio de la vida?, ¿sería un pensamiento bien pensado aquel que no es capaz de iluminar el vivir humano?

Pensar, sin duda alguna, es importante, incluso muy importante, pero no lo *único* importante. Un pensamiento que no es útil para la vida hay que decir de él, cuando menos, que tiene muy poco alcance y que, por su irrelevancia e incapacidad para resolver problemas, es lógico que nos haga dudar acerca de su consistencia y fundamento. No, a lo que parece, razón y voluntad no se comportan como los dueños y señores de todas las funciones psíquicas que, supuestamente, habrían de sometérseles.

Una de las consecuencias del pensamiento ilustrado es la *ética racionalista y rigorista*, en la que el deber, establecido según las reglas abstractas de la razón, preside, se enseñorea y dirige todo el comportamiento humano. Un deber así concebido, constituye un corsé asfixiante, incompatible con que la vida de la persona se abra al encuentro de la felicidad. La ética que resulta de ello es un conjunto de normas fosilizadas e inflexibles que estrangulan la creatividad de la persona, precisamente porque son ajenas a los sentimientos y ni conocen ni se compadecen de la debilidad humana.

El *hombre superior* así concebido, como resultado de la ética rigorista, en teoría sería capaz de dominar por completo sus sentimientos, tendencias y apetitos. Pero la experiencia común demuestra que ello es imposible, que no hay tal *hombre superior*, aún a pesar de sólo privilegiar la razón. Nietzsche (1844-1900), a su modo, también fue partidario de este ideal ilustrado. Sin embargo, supo ponerse por completo en contra de la moral basada en el deber rigorista. No obstante, admitió que es necesario que la persona controle sus sentimientos y apetitos. Si una persona no se autocontrola, según él, no será capaz de mandar sobre sí misma y, por consiguiente, se convertirá en un esclavo, en un ser dependiente y despreciable, que está incapacitado para cualquier otra acción que no sea la de obedecer, como un autómata, a sus propios apetitos.

Otra consecuencia nefasta del racionalismo ilustrado es la emergencia del *voluntarismo* que sostiene la primacía y el imperio de la voluntad sobre cualquier otra cosa, el "querer porque sí", el hacer lo que se debe al precio que sea, aunque haya que violentar la propia naturaleza.

La ética voluntarista se ha trasformado en mera *ideología*. Algunos políticos sostienen que incluso puede diseñarse el *modelo*

ética
racionalista y
rigorista

hombre superior

otro error:
el voluntarismo

ética voluntarista
como ideología

de sociedad ideal de un modo abstracto, porque la sociedad tiene que ser necesariamente según el dictado emitido por el deber o la ciencia. En el fondo de estos desafortunados *diseños sociales* subyace la obligatoriedad, rígidamente concebida, de que las cosas, y las persona y las interacciones entre ellas, es decir, la concreta realidad humana, ha de parecerse al *modelo de sociedad* previamente establecido.

Pero, hasta el momento presente, ningún *modelo de sociedad* ha devenido en realidad. Lo que demuestra que ningún modelo –por muy puesto en razón que esté– puede salir garante de que las personas se comporten, sólo según el dictamen de lo establecido. De hecho, cada persona se comporta de una determinada manera –de acuerdo con su forma de ser y no sólo de pensar o de querer–, que casi nunca coincide exactamente con lo así decretado y planificado.

Hacer las cosas sólo por *sentido del deber* impide que lo hecho por las personas sea algo vivificado, algo en lo que la propia persona comprometa su vida. Entre otras cosas, porque hacer las cosas sólo por el sentido del deber, excluye de la acción humana la imaginación, la creatividad, la sensibilidad, la afectividad, etc.; es decir, exige la comparecencia y el compromiso de sólo una parte de la persona, mientras se amputan y excluyen otros muchos sectores de la vida personal, que en modo alguno son excluibles o renunciables.

Actuar de acuerdo con sólo *el dictado del deber*, comportarse de esa manera es algo muy poco natural e impropio de la persona. Actuar libremente, por el contrario, exige el compromiso de la entera persona, y eso porque lo hecho, lo que se realiza, se lleva a cabo, precisamente, desde la libertad. Hacer las cosas sólo por sentido del deber "no mueve más que a los inflexibles, a los voluntaristas y a los fanáticos. Por el contrario, se hace preciso convencer, motivar y hacer feliz a la gente para que ésta obre como debe y conviene. En caso contrario, los ideales fracasan y se abandonan. La búsqueda de la armonía del alma debe tener en cuenta la libertad y la debilidad humanas" (Yepes Stork, 1996).

Tal vez por eso, Millán-Puelles (1993) haya puesto de manifiesto, de forma certera, los límites de la ética rigorista y voluntarista. El cumplimento de lo deberes no se realiza, de espaldas a la realidad del hombre. El comportamiento voluntarista es más propio de un robot que de una persona humana. El cumplimento del deber se acompaña necesariamente también del placer y la felicidad. Frente a la ética voluntarista de los deberes, Millán-Puelles enfrenta y contrapone la *ética de los bienes* y la *ética de las virtudes*, por la sencilla razón de que estas últimas son necesarias e indisociables de la primera, a la que, sin duda alguna, completan y perfeccionan.

límites de la ética rigorista y voluntarista

Una vez se han puesto de manifiesto los errores del racionalismo ilustrado, es menester estudiar ahora el *emotivismo*. La vida afectiva, además de humana, es de gran importancia para el comportamiento de las personas. Pero la vida afectiva no es la entera vida humana del hombre sobre la tierra. Es cierto que los sentimientos colorean el vivir humano, que la afectividad puede ser un factor energizante del pensamiento, que los afectos pueden optimizar las tendencias y contribuir a sacar de ellas el mejor partido posible; en definitiva, que la afectividad nos cambia la vida. Pero esto en modo alguno significa que la vida haya que jugársela sólo en función de la afectividad. Es más, cuando se juega la vida a sólo esa carta emotiva, entonces los sentimientos ocupan el lugar que en modo alguno les pertenece: constituirse en el fin de nuestras vidas y en asumir la dirección de nuestros comportamientos, que en eso consiste precisamente el emotivismo.

emotivismo

El *emotivismo* constituye un craso error, por cuanto que supone *la ignorancia de lo que es la afectividad*. Lo propio de la afectividad es actuar con una cierta indocilidad y rebeldía para someterse a la razón y a la voluntad. Pero, al mismo tiempo y en otro cierto sentido, la vida afectiva depende de la razón y la voluntad, que son las funciones que naturalmente han de dirigirla y gobernarla.

Exigir una completa autonomía de la afectividad, desarticulada de la voluntad y de la razón, no puede generar otra cosa que numerosos conflictos, algunos de los cuales se inscriben incluso en el ámbito de lo patológico. En este error reside, a mi entender, la *mala prensa* que tuvieron las pasiones humanas a todo lo largo de una tradición multisecular y todavía tienen en ciertos sectores sociales actuales.

6.4. ¿Cómo encontrar la autoestima perdida?

conocer los propios sentimientos

Para encontrar la autoestima perdida –una vez que se ha extraviado, como consecuencia de haberla erigido en la dirección del propio comportamiento–, lo que hay que hacer es conocer mejor los propios sentimientos. Es ésta una tarea personal que cada cual debe hacer como le plazca, pero que, sin duda alguna, puede ser también ayudada por otros. Este es, sencillamente, el propósito al que debe tender *la educación de los sentimientos*.

distorsión de la realidad

Se conocen mejor los propios sentimientos cuando se está avisado de que la acción valorativa de la realidad, que a través de los sentimientos se nos entrega, no es siempre justa ni verdadera; que muchas realidades, personales o no, merecen un aprecio o valor distinto al que nos procuran los propios sentimientos; que ninguna otra persona debiera ser despreciada, ignorada o condenada a la indiferencia, sólo porque en eso concluyan los sentimientos que suscita; que en cada persona, también en sí mismo, hay muchos más valores positivos que negativos aunque, por los sentimientos, la persona alcance a sólo percibir, en ocasiones, los negativos; que la realidad percibida es siempre positiva, aunque los sentimientos suscitados por esa percepción concluyan lo contrario; que por muy vital que sea la experiencia a que determinados sentimientos conducen a la persona, los propios sentimientos son siempre engañosos y deben ser corregidos, rectificados y enderezados, de acuerdo con la verdad de la realidad.

sustrato biológico

Conviene no olvidar que los sentimientos también hunden sus raíces en el sustrato biológico, que es nuestro propio cuerpo. Es decir, los sentimientos tienen que ver con algunas funciones corporales, especialmente con el sistema nervioso y el sistema endocrino. Ambos tienen muy poco que ver con las circunstancias que nos rodean, hasta el punto de que pueden funcionar con casi total autonomía e independencia de ellas y suscitar los correspondientes afectos, emociones y sentimientos.

La autoestima se encuentra y recupera cuando *se rectifica el error* que causó su pérdida o cuando *se educan los sentimientos* erróneos que causaron tal extravío.

Los sentimientos no son dueños de ellos mismos y, por eso, tampoco son capaces ni saben moderarse a sí mismos como debieran. Moderarlos no siempre significa aquí aminorar su intensidad o duración. Hay ocasiones en que moderar los sentimientos significa acrecerlos, estimularlos, reforzarlos; como también hay otras en que hay que hacer lo contrario.

moderar con la razón

La facultad que tiene que determinar esa moderación no es la propia vida afectiva, sino la razón. Corresponde a ésta la determinación del fin, establecer la meta a la que la persona –y también, naturalmente, sus sentimientos– ha de llegar. Corresponde a la razón, además de establecer el fin, integrar y armonizar todas las funciones psicobiológicas de la persona para que, precisamente, se dé alcance –con el concurso valiosísimo e irrenunciable que todas ellas pueden y deber aportar– a la meta establecida. Una meta, un propósito, un fin sin el que la vida carecería de valor, con independencia de cuáles fuesen los sentimientos que se experimentasen.

En conclusión, que *corresponde a la razón establecer el fin y los medios* proporcionados y necesarios para alcanzar la meta que da sentido a la entera vida personal, y también, como es lógico, a las diversas funciones que, armonizadas e integradas en ella, permiten su consecución.

La consecución del fin es lo que nos hace felices. La *autorrealización* de la persona está en función de la *felicidad* que se quiera alcanzar. Pero sólo se podrá alcanzar ese fin, pleno de sentido,

felicidad como consecución del fin

si la razón y el corazón, la voluntad y la imaginación, la memoria y los apetitos, en una palabra la *entera persona y sus funciones* se coordinan e integran, sin exclusión de ninguna de ellas, en una unidad funcional superior y de más poderoso alcance.

La felicidad, la armonía psíquica, la vida lograda, la armonía interior o como quiera llamarse así lo exigen. Pero no se piense que *el poder hegemónico de la razón y de la voluntad* humanas es tan poderoso como algunos suponen. De hecho –es un dato de la experiencia en la mayoría de las personas–, la razón y la voluntad en muchas ocasiones manifiestan su impotencia para someter, como se supone que deberían, a las emociones.

sometimiento político de los sentimientos a la razón

La educación de los sentimientos, por eso, debiera estar presidida por el eficiente consejo socrático de que el sometimiento de los sentimientos y emociones a la razón *no ha de hacerse de un modo despótico, sino político*. Ese sometimiento debe ser acompasado, sin estridencias ni exclusiones, sin despreciar o anular los sentimientos, sino vigorizándolos, fortaleciéndolos y cooperando con ellos.

Esto significa que en la persona habrá siempre una cierta *lucha* –brutal y despiadada, unas veces, parsimoniosa y rutinaria, otras–, sin la cual no podrá dar alcance a su propio fin.

diagnóstico antiguo y nuevo

Platón describe magistralmente lo que acontece cuando no se establece esa lucha porque los sentimientos no se educan, es decir, porque no se *educa para la libertad*. El siguiente fragmento del *Teeteto* de Platón (173 a-b) constituye un diagnóstico certero y luminoso de lo que acontece hoy en los jóvenes y menos jóvenes que se ignoran a sí mismos: "Sus almas se hacen pequeñas y retorcidas. Por la esclavitud que, ya de jóvenes sufrieron, se vieron privados de perfección, de rectitud y de libertad, y obligados a la práctica de la falsedad, arrojando a tan grandes peligros y temores a sus almas todavía tiernas, que, al no poder soportar lo justo y lo verdadero, se volvieron hacia la mentira y hacia la mutua injusticia, con el consiguiente retorcimiento y quebranto de sí".

La vigencia actual del diagnóstico platónico coincide y ha sido verificada por otros muchos filósofos y filólogos contemporáneos, quienes también atribuyen estos groseros errores a *la ausencia de educación en los sentimientos.* "La educación –escribe Lledó (1996)– juega aquí, de nuevo, un papel decisivo. En una sociedad sin modelos importantes, sumida en un miserable afán de lucro, mentalizada su juventud con pequeños móviles utilitarios, corrompida la inteligencia con las bajas propuestas de los que luchan para perpetuar la esclavitud, el amor era la fuente que podía lanzar al hombre hacia otro lado de la realidad". CITA P. ¿? Pero no parece que en la actualidad se tenga la preocupación de educar en los sentimientos amorosos.

El abandono a la libre *espontaneidad* de los propios sentimientos no debiera considerarse como un poderoso indicio de *autenticidad*, sino más bien como ausencia de autocontrol. He aquí otra consecuencia más de la omisión de la necesaria educación de las emociones. El mundo personal oscila entre la naturaleza que somos y la racionalidad a la que aspiramos. Un mundo en el que se encuentran y chocan entre sí las poderosas tendencias fisiológicas y el irrenunciable y vigoroso anhelo de justicia y perfección.

En esa confrontación está en juego lo que los griegos llamaban la *eudaimonía,* la felicidad. Si no se logra armonizar esos dos mundos y obtener así el necesario equilibrio entre ellos, el drama de la vida humana comparecerá en la escena.

Ese equilibrio, al que ya antes se aludió, es en lo que consiste la *felicidad,* que proporciona el conocimiento. Un *conocimiento* que nunca es frío sino *efectivo y afectuoso.* No hay conocimiento sin amor, del mismo modo que no hay amor sin conocimiento. Amor y conocimiento irrumpen en la persona que experimenta la nostalgia de ser ella misma. Una nostalgia que se vehiculiza a través del recuerdo de la autoestima esencial de la que, en forma misteriosa, se gozó en el origen.

Es el conocimiento de sí mismo el que ilumina la enturbiada intimidad y el que amplía el restringido y menesteroso dominio de

educación de las emociones

conocimiento efectivo y afectuoso

lo privado, dilatándolo de tal manera que disponga a la persona para acoger a todos los otros. Ese enderezamiento hacia los otros, para llegar a ser la persona que se quiere ser, es el *impulso ético* que suele estar al inicio del programa desde el que se diseñó un determinado proyecto personal.

de los hechos vitales a la historia biográfica

Un proyecto personal que es muy necesario puesto que, gracias a él, se transforman los hechos vitales en historia biográfica, los aconteceres de la inmediata temporalidad en memoria fidedigna; y los aislados retazos de la vida fragmentaria, en robusta identidad personal. A esto contribuye, sin duda alguna, la *paideia*, la educación de los sentimientos. Gracias a ella, la palabra se hará compromiso, el estilo de vida comportamiento ético, el *eros* se transformará en *philia,* y la calculadora razón, en razón sentiente, jugosa y esperanzadora.

aprendizajede habilidades y destrezas para esta lucha

En el *aprendizaje de las habilidades y destrezas* para esa lucha tan especial ha de consistir la *educación de los sentimientos* y de los apetitos. Sólo así los sentimientos y la autoestima estarán donde deben estar, donde es preciso que estén para que la persona sea feliz: exactamente en ese *término medio* entre el exceso y el defecto, que es lo que se conoce con el término de *virtud*.

la educación en los sentimientos es la educación en las virtudes

Las virtudes no son otra cosa que la realización y encarnación de determinados valores en la propia persona. Las virtudes constituyen ese punto de equilibrio en lo relativo a los sentimientos y apetitos, de manera que estos sean los más adecuados –en frecuencia, intensidad, duración y cualificación– respecto de los fines establecidos. La educación en los sentimientos no es al fin otra cosa que la *educación en las virtudes*. Del mismo modo que la educación de los sentimientos no es otra cosa, finalmente, que la *educación ética*.

Cuando las virtudes se han realizado en la persona humana, es lógico que la persona perciba su valor y que responda a él, estimándose en mayor o en menor cuantía, en función de la mayor o menor realización de aquellos en ella. *En esto consiste la misión de la ética*: en educar los sentimientos, de tal forma que armonicen y refuercen las propias tendencias respecto del fin establecido.

Esta armonización, aunque cueste, no consiste tanto en reprimir las propias tendencias humanas como en optimizarlas. La *ética*, además de educar los sentimientos o precisamente por ello, es *la ciencia que enseña a dirigir el propio comportamiento para alcanzar la felicidad*. La ética no es por eso una ciencia para personas buenas, que son *buenas* porque son *tontas*. La ética es una ciencia para todas las personas, con independencia de que sean buenas o malas, inteligentes o no.

armonización entendida como optimización

Quien sigue el comportamiento ético demuestra ser inteligente porque, gracias a él, alcanza la felicidad. Y, como dice Aristóteles, la felicidad es lo que todas las personas, naturalmente, apetecen. Desde esta perspectiva habría que concluir que *la ética es una ciencia para personas inteligentes*, muy inteligentes. La ética es una ciencia que, una vez aprendida y vivida, contribuye a hacernos más fácil la realización de cosas buenas. Son esas cosas buenas realizadas por las personas las que, precisamente, las hacen buenas personas.

comportamiento ético y felicidad

La educación de los sentimientos encamina al comportamiento ético. A un comportamiento que se nos revela y ofrece como equilibrado, armónico y pleno, es decir, como el comportamiento que cabe esperar de cada persona, si cada persona hubiera logrado hacer de sí misma la mejor persona (de acuerdo con sus posibilidades).

En esto consiste la plenitud de la vida humana. De esto depende la posibilidad o no de alcanzar una vida lograda y la conquista de la felicidad. Naturalmente, los sentimientos se encuentran en esta encrucijada, emergiendo en cada batalla –pequeña o grande– que, de ordinario, cada persona ha de librar para *encontrar la autoestima perdida*. Acaso por eso sea tan importante la ética. Porque el único modo de que sea feliz una persona es vivir éticamente. Quizás, por esa misma razón, la autoestima así entendida tenga hoy la relevancia que la caracteriza. Pero de muy poco o nada serviría esa relevancia si la persona no se conociera a sí misma.

6.5. Autoestima y conocimiento personal

el camino hacia
una inteligencia
lúcida y una
voluntad más
libre

Introducirse en la propia intimidad para valorar la autoestima personal es una actitud valiente pero que, en ocasiones, conduce a la perplejidad. Al adentrarse en la intimidad, la persona descubre, a veces de una forma diáfana, algunos valores y defectos, habilidades y limitaciones, destrezas y ficciones. Pero hay casi siempre un tanto de ambigüedad e imprecisión en lo que el imparcial observador contempla. Hay también otros muchos contenidos oscuros y confusos, en los que es preciso poner orden. Algunos de ellos son de vital importancia en lo que dicen a la verdad y mentira de la propia vida. Son como fantasmas inapresables que suscitan la duda y la perplejidad.

La persona, como *homo viator* que es, tiene que habérselas con su propia realidad, una subjetividad ésta que se resiste, que no se deja aprehender por ella misma. Ante estas dificultades lo más común es el abandono y la resignación. Ninguno de ellos constituyen procedimientos aceptables para resolver el conflicto.

El *abandono*, porque supone una escapada o huida de sí mismo, y ¿a dónde podrá ir el hombre que intentara escapar de sí?, ¿es posible huir de sí mismo?, ¿hay algún lugar donde cobijarse en el que no esté presente la intimidad personal?

La *resignación*, porque no consiste en la aceptación de la realidad por el querer libre de la voluntad, sino más bien en el forzamiento que sufre una frágil voluntad, que ha de atenerse a cierta realidad que le presiona. Resignarse supone admitir la propia impotencia ante los problemas y, por eso, suele generar un efecto paralizante.

Es preciso, pues, abrirse paso con una inteligencia más lúcida y una voluntad más libre —y más desapegada de sí misma, también—, a tientas y a ciegas, en la oscuridad de la intimidad. De lo contrario, será muy difícil apresar el tesoro escondido que en ella se oculta.

Se trata de emprender un camino de ida sin regreso posible que, además, nunca acaba hasta que no cese la propia vida. Sólo mediante esta decisión, la persona se conocerá más a sí misma y se conducirá mejor, sin que se arroje en brazos de *la estéril melancolía del conocimiento no alcanzado* o tenga que cargar con *el pesado e inútil fardo de regresar a la oscuridad acostumbrada y a la continua insatisfacción.*

Al conocimiento personal se opone también la imagen ideal de sí mismo, de la que muchas personas disponen, con la errónea convicción de que son así. *Idealidad* acerca de sí y *realidad* de sí parecen andar siempre a la greña sin concederse reposo alguno. Y cuando aparentemente se alcanza el reposo, las más de las veces es porque una sustituye a la otra o la encubre y silencia.

La realidad de sí mismo le viene a la persona a través del autoconocimiento. Pero, ¿de dónde le viene a la persona esa ingenua idealidad acerca de sí? Sin duda alguna, muchas personas tienen un ideal acerca de ella misma. Aunque no sepamos explicar de dónde les viene, el hecho es que se reactiva y comparece cada vez que la persona se entrega a meditar –siquiera sea unos minutos– acerca de la felicidad o infelicidad de su vida.

Ese abierto contraste entre idealidad y realidad es lo que muchas veces permite descubrir no sólo los errores que se han cometido, sino también la posibilidad de corregirlos. Este descubrimiento habría que entenderlo ya como *un encuentro con la verdad acerca del propio vivir.*

encuentro con la verdad acerca del propio vivir

Ahondar en ese atisbo de verdad, apenas descubierto, constituye una aventura personal que tiene mucho que ver con la *épica.* Aventurarse a seguir profundizando en sí mismo, hace de la persona un *héroe anónimo* que entrega su vida a una de las más esforzadas y duras causas, en las que el sujeto siempre está solo. Su percepción inicial es que nadie puede ayudarle, al menos de forma directa e inmediata, a cambiarse a sí mismo.

Es preciso, desde la soledad y el silencio, descubrir entonces la verdad de las situaciones en que se comportó de aquella forma; reconocer el lado oculto de la más sincera motivación por la que actuó; verificar la imposibilidad de justificarse a sí mismo; y, a la

silencio y soledad

vez, tomar conciencia de que por sí solo y sin la ayuda de los demás su drama personal no encontrará la solución adecuada.

apelar a un *tú*

Replegarse en el ensimismamiento hermético es tanto como iniciar el camino que conduce a la aniquilación. La vía de salida, el medio para escapar al horror de esa lucha sin esperanza es *apelar a un* tú, en el que uno a sí mismo se encuentre, una vez que se ha decidido a abrir su intimidad y a compartirla con él.

La solución para el anónimo héroe dramático reside en el descubrimiento de la verdad de su intimidad, lo que debiera llevar aparejado el descubrimiento de otra verdad no menos importante: *la necesidad del otro*, el conocimiento de que no llegará a ser quien es sin los demás. Cuando se descubre esto la oscuridad se ilumina, se alivia el sufrimiento y se está en condiciones de comenzar a emprender un camino liberador que pasa por el *comportamiento épico*.

Esto demuestra la *inoperancia del voluntarismo*, la imposibilidad de solucionar los problemas personales cuando todo se abandona y fía a la excelencia de la propia voluntad. *El curvarse sobre sí mismo de la persona voluntarista* no le permitirá poner orden en las fuerzas irracionales, el azar y los mil y un contenidos inconscientes que pueblan su intimidad y causan tanta angostura a su libertad.

no basta
la voluntad

La sola voluntad es insuficiente para romper el cerco de ignorancia al que está sometida la propia intimidad. Son demasiados factores los que concurren en ello como para que sean ordenados sólo por el imperio de la propia voluntad. Sin abrirse a la *comunicación* con los otros, la existencia individual pierde el norte y naufraga en el oleaje de un océano embravecido.

En un horizonte así *la vida personal carece de sentido*. El *sentido* se alcanza cuando, *desde el referente que es el otro*, comienza a encontrarse el norte que inspira el modo de ajustar el propio comportamiento para navegar en esos difíciles momentos.

contraste y
contacto con
los otros

El contraste con el otro y el calor de la comunicación con él reafirman la esperanza y encienden de nuevo los ideales. El contacto con el otro hace surgir la *admiración* hacia él, en la persona que, dramáticamente, había experimentado que no hacía ya pie en su vida. Esa admiración inicial es el principio que le hace concebir de nuevo el ideal de *ser el mejor*, de ser la mejor persona posible. Pero es difícil hacer los esfuerzos necesarios para ser el mejor, si no hay un *alguien* por quien y para quien ser mejor.

El contacto con los otros –una vez que se comunica y comparte con ellos el peso del propio drama– suscita en la persona que así se comporta, primero la *admiración* y, tras de ella, la *imitación*, una vez que ya se ha encontrado el ideal que era menester alcanzar. Pero redescubrir, repensar ese ideal por sí solo no basta. Más allá de ese ideal y de los esfuerzos que hay que hacer para alcanzarlo, ha de haber siempre alguna otra persona. Según esto, *la vida épica* en que consiste llegar a ser la mejor persona posible *arranca siempre en otro y tiene como fin otra persona* distinta a la que uno es.

Esto pone de manifiesto que ningún héroe en realidad está solo, aunque sí esté solo en el descubrimiento de sí mismo y en el esfuerzo que personalmente tiene que hacer para alcanzar su propio destino.

Dicho con otras palabras, el *comportamiento épico* del que aquí se habla se identifica con el *comportamiento ético* que conduce a la felicidad personal. La ética así desvelada y puesta de manifiesto no es la ética del individualismo, del superhombre o del feroz egoísmo, sino que es ante todo el *ethos* de la generosidad.

> el comportamiento épico es el comportamiento ético

En este punto, habría que modificar la propuesta de Augusto Comte (1798-1857), al menos en lo que atañe al conocimiento personal. El autor antes citado estableció un cierto encadenamiento entre las etapas que era preciso recorrer en el conocimiento en general: "conocer para saber, saber para predecir, predecir para poder".

Sólo que ese encadenamiento es inválido en lo que se refiere al conocimiento personal. En este último, la etapa final de ese encadenamiento *no es el poder sino el servicio*. Por eso, una vez reformulada esa proposición en lo que respecta al conocimiento per-

> solidaridad implícita en el conocimiento

sonal, debiera decir así: *conocer* para saber, saber para predecir, predecir *para poder servir mejor a que cada persona se conozca a sí misma*. Se alza aquí la *solidaridad* implícita que subyace en el *para qué* del conocimiento personal.

De hecho, sin el propio conocimiento no es posible la autorrealización personal, no es posible llegar a ser la mejor persona. Pero, ¿de qué le serviría a una persona llegar a ser la mejor persona posible si no hay otro fin que el de ser ella misma?, ¿haría esto que se autoestimase más o mejor?

No, a lo que parece llegar a ser la mejor persona posible, sólo para sí misma, no la haría más feliz. Entre otras cosas, porque no se puede ser la mejor persona posible sin contar con los otros, sin ordenarse a los otros que son los destinatarios concretos por los que vale la pena hacer ese esfuerzo de llegar a ser la mejor persona posible.

Esto significa que la *autorrealización personal* no acaba en una meta meramente personal, sino que siempre la trasciende y deviene transpersonal; que la *autorrealización personal* por sí misma, como final de este largo y esforzado proceso, acaba arrojando a la persona en el narcisismo, lo que hace que se sienta desgraciada y, en consecuencia, muy poco autorrealizada; que la *autorrealización personal*, por último, se ordena y se pone al servicio del fin que le es propio y que le plenifica y legitima: contribuir a que también las otras personas lleguen a ser, cada una de ellas, la mejor persona posible.

Esta es la *ética de la generosidad* que preside el crecimiento en la autoestima fundamentada en el conocimiento personal. Una ética que es desde luego heroica, en tanto que rechaza los valores meramente utilitarios y se desentiende de cualquier deseo individualista de autoafirmación personal. Es la ética que no se pone de rodillas, que no opta por la sumisión del propio *yo* ante el éxito, la popularidad o el dinero. Una vez se ha entendido así la autorrealización personal, forzosamente emerge la *justicia*, como *areté* suprema, como realización subjetiva del *nomos*, de la *ley objetiva*.

la autorrealización personal deviene transpersonal

ética de la generosidad

Puede afirmarse que *el fin del conocimiento personal no es otro que el de la justicia*. Lo justo, lo más justo que puede realizar cualquier persona es conocerse a sí misma para tratar de llegar a ser la mejor persona posible. Y eso porque tratar de ser la mejor persona posible forma parte del *debitum*, de lo que es debido, en alguna forma, a los demás.

justicia como fin

Contra lo que se podría pensar, la trayectoria descrita encuentra también ciertos obstáculos. En efecto, llegar a ser la mejor persona posible forzosamente ha de suscitar en los otros la *admiración* y el *reconocimiento*. Ninguno de ellos es malo o antinatural, aunque sí pueden devenir en un poderoso obstáculo que menoscabe la autorrealización personal que se logró al fin alcanzar.

admiración

En estas circunstancias es menester comprender que la *admiración* no debe entenderse como algo que alcanza sólo a su destinatario y allí se agota, para que éste en su aislamiento se goce en sí. Esto sería tanto como *recuperarse a sí mismo* en la admiración que el propio comportamiento suscita en los otros o, lo que dicho en otras palabras, sería algo tan estúpido como *autorrealizarse únicamente para ser admirado*.

Respecto al *reconocimiento social* de quien ha llegado a ser la mejor personal posible, hay que afirmar algo parecido. Ese reconocimiento social tiene camino de ida (a la sociedad), pero no tiene o debiera tener camino de regreso (hacia su protagonista). No es conveniente que el destinatario *se recobre a sí mismo* en el reconocimiento social lucrado. Eso sería algo tan estúpido como haberse forzado de forma vigorosa para sólo lucrar un relativo y efímero reconocimiento social. Esto significaría confundir la búsqueda de la autentica excelencia personal con el logro tan solo de una *buena imagen*, por otra parte condenada a la inautenticidad, por lo que tiene de afectación por la cosmética social.

reconocimiento social

El reconocimiento social ha de entenderse aquí como aquello que deriva de haber logrado llegar a ser la mejor persona posible, pero en orden a los demás, en función de la *justicia* a la que ha de subordinarse cualquier autorrealización personal, en función del servicio de esa causa ejemplar que es para los otros cualquier conducta personal.

En cualquier caso, la admiración y el reconocimiento suscitados, también debieran entenderse como una incesante *fuente motivadora* para no restar ninguna energía en el esfuerzo que hay que realizar para llegar a ser la mejor persona posible.

El *telos*, el fin de la autorrealización personal es, pues, la *justicia*. La motivación, en cambio, para alcanzar ese *telos* es muy diversa y plural. No hay una, sino muchas motivaciones que atraigan y motiven a las personas a ser los mejores. La justicia, sin duda alguna, es la principal de ellas, pero no la única.

otras fuentes
motivadoras

Otras *fuentes motivadoras* para llegar a ser la mejor persona posible son, por ejemplo, el deseo de conocer, el impulso de amar para entender el mundo y entenderse a sí mismo, el afán de superación, el deslumbramiento que produce la contemplación de un noble ideal para la propia vida, el cumplimiento del proyecto que se ha emprendido, el amor a los demás, el desvelamiento de lo que es la razón de ser de la propia existencia.

Cada héroe anónimo será más o menos motivado por cualesquiera de los anteriores y de otros muchos factores. En opinión de quien esto escribe, la *justicia* y el *amor al otro*, junto con el *deseo de conocer la verdad*, constituyen o sería conveniente que constituyeran las tres principales fuentes motivadoras para llegar a ser quien se debe ser.

descubrimiento
de la verdad

La *justicia*, por las razones a que se aludió líneas atrás. El *descubrimiento de la verdad*, porque la misma verdad palpita y alienta a manifestarse, como una exigencia natural del propio conocimiento. Y, el *amor al otro*, porque es lo que únicamente, en verdad, satisface el querer de nuestra voluntad.

Pero el amor, en su forzosa singularidad, tiende siempre a alguien, a una persona concreta. El amor no es una mera pretensión sin destino alguno. El amor no es un dardo que se dispara al infinito. Pues, entre otras cosas, ignoramos dónde está el infinito y, en cambio, estamos seguros de que el dardo que ha sido arrojado perderá velocidad y caerá cercana y repentinamente allí, precisamente, donde no pretendíamos que cayera.

El *amor concreto a personas concretas* es al fin la fuente motivadora por antonomasia, que pone en marcha la decisión de llegar a ser la mejor persona posible.

amor concreto

7

La autoestima y la cuestión del origen de nuestro ser

7.1. ¿Es suficiente con satisfacer la autoestima personal?

La autoestima por sí misma no basta, no es suficiente para que la persona alcance la felicidad. Para que las personas sean felices, además del ingrediente de la autoestima, han de darse otras circunstancias. ¿De qué le serviría a la persona tener mucha autoestima, si ninguna otra persona la reconoce y la estima como tal?, ¿de qué le sirve a una persona que sus familiares y compañeros la estimen, si ella no se estima a sí misma?, ¿basta a la persona con sólo estimarse a sí misma?, ¿tiene sentido la autoestima en el vacío?, ¿es que acaso alguien ha satisfecho por completo su necesidad de estimación?

la autoestima no basta para alcanzar la felicidad

A lo que parece, hay que contestar que no, que nadie está completamente satisfecho en lo que se refiere a su autoestima y al modo en que le estiman los otros. Esto significa que la necesidad de reconocimiento y de estimación si no infinita en el ser humano, al menos es indefinida. Por consiguiente, ese anhelo casi infinito que hay en la intimidad del ser humano no se puede satisfacer por personas, de suyo finitas y muy limitadas.

De aquí la *nostalgia* que, acerca de sí misma subyace en el hondón del corazón de muchas personas, en lo que se refiere a quien uno quiere ser, al deseo de que le perciban tal y como uno quiere ser, o tal vez de quien fue, pensó o soñó ser...

nostalgia que
acompaña
el vivir

Esa nostalgia acompaña casi siempre el vivir humano aunque, en ocasiones, sea más o menos llevadera, según se explicite o no como un contenido prístino de la propia conciencia. Pero con independencia de que subyaga implícitamente o se manifieste de forma explícita, hay siempre un vago *presentimiento de esa nostalgia*.

La *nostalgia acerca de nosotros mismos* es, pues, un hecho tozudo que en ocasiones se manifiesta de forma abierta y clamorosa y, otras veces, de forma soterrada, retorcida y tortuosa. Este es el caso, por ejemplo, de cuando una persona pasea por lugares –por ella muy poco frecuentados– en que recuerda y revive lo feliz que fue allí hace ya mucho tiempo.

Cualquier recuerdo de nuestra remota infancia –la evocación de una anécdota en relación con nuestros padres, profesores o compañeros– puede activar ese *presentimiento* en todos nosotros. Entonces, la nostalgia acerca del *yo* invade nuestro propio ser.

La nostalgia de la estima que ya se ha ido, desvela y pone de manifiesto la sed de estimación del ser humano. Una sed que puesta en marcha por la evocación, anhela ser de nuevo satisfecha. Es decir, se estima la autoestima de otro tiempo o el modo en que el propio *yo* fue estimado por otras personas. Más aún, *se estima la nostalgia de la autoestima*.

Acaso por eso pueda afirmarse que en la mayoría de las personas hay una relativa y perenne pérdida de la propia estimación. Entre otras cosas, porque la estima que ya ha sido, la estimación que ya fue, muy difícilmente puede regresar y volver a vivirse realmente.

Es cierto, sin embargo, que mediante la evocación de ella, en algún modo se reaviva y revive. Pero ese *revivirse* de la estima pasada es meramente subjetivo y actúa sólo en el ámbito vivencial, por lo que no acaba de satisfacernos por completo. En esa vivencia hay un no sé qué de simulación, de irrealidad, de ficción que deja ese poso agridulce, esa sensación insatisfactoria, que caracteriza a las vivencias que son incompletas e insuficientes en el modo en que afectan al ser humano.

7.2. Temporalidad y autoestima

No tiene nada de particular, que en esas ocasiones, las personas procuren *transvivirse*, es decir, reduplicar, reiterar lo ya vivido, aunque sea de una manera un tanto artificial e irreal. Esto demuestra que *las personas estiman su autoestima*, poco importa que aquélla se sitúe en el tiempo que ya fue.

Algo parecido podría afirmarse respecto del futuro. Las personas también estiman su autoestima, aunque esta se sitúe en el *todavía no* de la temporalidad. Es lo que suele acontecer, gracias al recurso de la imaginación. La fantasía puede hacernos sentir y contemplar *visiones escénicas* en que el propio *Yo será* estimado. La fantasía tiene un enorme poder suscitador de ilusiones. La ilusión de la propia estimación no es de suyo mala, puesto que puede contribuir a que la persona conciba y diseñe un determinado proyecto vital a través del cual ella misma se proyecta.

En realidad, la acción humana no se limita a lo hecho por la persona, sino que tiene un *antes* y un *después*. En el *después* es de donde se enraíza y concibe la autoestima futurizada. Este es el escenario donde se acunan los propios proyectos, al abrigo de la anticipada satisfacción afectiva.

Tal vez por eso, a la persona no le es suficiente para vivir con *tomar* o *prender* lo que está a su alcance. Lo propio de la persona es *em-prender*, es decir, anticiparse a lo que ha de tomar y poner en marcha las acciones convenientes para lograrlo. Pero esta acción de *em-prender* está coloreada y penetrada por la autoestima que se anticipó, aunque todavía no se den las oportunas condiciones para que realmente se experimente la estima propia como tal sentimiento.

Lo mismo acontece, si nos retrotraemos en el tiempo y evocamos algo que *prendimos*, pero de lo cual ahora nos arrepentimos. La acción de *re-prender*, también está entreverada y penetrada por la autoestima. *Reprender* es también una acción humana natural, consistente y suficientemente frecuente como para que no sea

transvivirse

fantasía

em-prender

re-prender

sin más rechazada. En la actualidad, sin embargo, ha sido expulsada de la circulación social, pero continúa viva en ese exilio tan poco natural.

De hecho, cualquier persona reprende en sí misma –se reprende– acciones y comportamientos que un día lejano o cercano fueron realizados por ella. Si este concepto está fuera de circulación, si está fuera de uso en la actualidad, es porque *la acción de reprenderse* a sí mismo ha sido tergiversada. Reprender algo realizado con anterioridad por el propio yo, reprender a alguien es hoy sinónimo de *represión* y, por tanto, algo que es vivido como un efecto denigrante que menoscaba la dignidad humana.

Pero la opción de *reprenderse a sí mismo* nada tiene que ver con el término de *represión*, tal y como hasta nosotros ha llegado. En la *represión* hay siempre una estancia extraña y ajena a la persona –y también exterior a ella, aunque internalizada de alguna forma– desde la que se presiona al sujeto, mediante el imperio de una fuerza ajena a su voluntad, para que realice o no determinada acción. Por el contrario, en el caso de la acción de *reprenderse a sí mismo* ese vector decisorio, esa fuerza orientadora del futuro comportamiento surge y nace en la misma voluntad del sujeto.

el reprenderse como fuerza orientadora

No es por tanto una fuerza *ajena* a su persona sino que, precisamente, es la energía más íntimamente nacida en su voluntad la que informa las decisiones libres que la persona ha de tomar. Tal opción está coloreada de sentimiento, de un sentimiento que puede aumentar o disminuir la estimación propia, pero que de forma irreprensible antecede, acompaña y sigue a la acción que se pretende realizar o ya se realizó.

plasticidad de la afectividad

Esto pone de manifiesto la *plasticidad* de la afectividad humana a todo lo largo de la temporalidad vital. La persona puede tomarse a sí misma en lo que ya ha realizado o en lo que apenas es un esbozo por realizar. La persona se desplaza con completa libertad a través de la temporalidad, como si transitara por su propia y bien conocida casa. Más aún, gracias a esta versatilidad, ligereza y plasticidad del ser humano, la persona puede *re-emprender* cualquier nueva trayectoria a lo largo de su vida.

Esta acción de *re-emprender* un determinado proyecto –recomenzar, por ejemplo, algo en lo que se ha fracasado y sólo es, aparentemente, una frustración– demuestra que el ser humano tiene capacidad para *rectificar* su trayectoria vital; que por muy radical que haya sido su anterior fracaso, mientras haya vida, siempre puede rectificar; que cualquier acontecimiento en el curso de una trayectoria vital puede ser andado y desandado siempre, al menos como tal objeto potencial de rectificación.

Es decir, que la *fugacidad* e *irreversibilidad* temporal que acompaña y caracteriza al vivir humano no es, de alguna forma, totalmente irreversible. La acción humana, el comportamiento de la persona es, pues, en parte reversible y en parte irreversible. Una cosa es cierta: la *autoestima* acompaña siempre, de una u otra forma, la reversibilidad o irreversibilidad del comportamiento humano.

Gracias a ello es posible, por ejemplo, el perdón, la rectitud de intención, la restitución a otro del daño causado, el comenzar de nuevo, etc., en una palabra, la opción de rectificar el rumbo de la personal trayectoria biográfica que se emprendió y que andando el tiempo se desvela como salpicada de errores o falta de dirección.

He aquí algunas razones que ponen de relieve por qué la persona está en una permanente situación de aventurarse de nuevo *en busca de la autoestima perdida.* Y es que la autoestima es –aunque versátil– lo permanente, un ingrediente estable y consistente de la identidad personal que en modo alguno es renunciable porque naturalmente forma parte del propio *yo.*

permanente situación de búsqueda

Ahora bien, una vez admitido esto, cabe formularse una cuestión que parece ser muy pertinente: ¿De dónde le viene a la persona esa *nostalgia de sí misma?, ¿de dónde le viene ese continuo y perseverante anhelo de estimarse a ella misma?*

Si hay nostalgia de un sentimiento, como parece ser este el caso, lo lógico es que ese sentimiento se diera en el pasado, pues de lo contrario no hablaríamos de *nostalgia* sino más bien de *deseo* de que un determinado sentimiento se haga presente en el futuro. Pero si esa nostalgia está vinculada con el *antes,* con el pasado o, mejor aún, con el *recuerdo* de un sentimiento que nos aconteció en el pasado, sin duda alguna habrá que admitir que *ese afecto realmente nos afectó* en el pasado y, tal vez por eso, nos sigue afectando en el presente.

Si esto es así, quiere decir que la nostalgia acerca de la autoestima personal le viene al ser humano de la evocación de un sentimiento que tuvo lugar en la realidad de su vida, allá en el pasado. Parece lógico y natural por esto, que la persona realice sus propias indagaciones con tal de identificar y aprehender el sentimiento que, una vez evocado, suscita en ella esa nostalgia acerca de sí misma.

Es probable que en algún momento pretérito de nuestras vidas –acaso en los primeros días después del nacimiento o tal vez incluso antes– nos sintiéramos plenamente satisfechos de nosotros mismos, acaso porque alguien nos había estimado plenamente y había satisfecho ese anhelo personal de ser acogidos, aceptados, reconocidos y estimados, como quienes realmente éramos.

7.3. Amnesia sobre la autoestima esencial

No reparar en la cuestión acerca del propio origen es predisponerse a sufrir una cierta *amnesia respecto de la autoestima esencial.* Si se olvida el propio origen, acaban por extinguirse en la memoria la mayoría de sus contenidos, de los que sólo permanecen algunos restos aislados y, en consecuencia, se pierde la continuidad de sentido vital, mientras la vida se fragmenta.

el propio origen como condición de la proyección personal

Es cierto que la vida va hacia delante y no hacia atrás. Pero es muy difícil que vaya adelante si el *atrás* del que se partió no está suficientemente explicitado o no es lo suficientemente lúcido en la conciencia personal. No hay *adelante* si no hay un *atrás.* Esto no significa que todo lo que se haga en la vida adelante es causado por el *atrás* del que se partió. Pero, en cierto modo, hay casi siempre una fuerte conexión entre ellos. No puede ser de otra forma, puesto que el *adelante* de la vida no parte de la nada. Se diría, y podría admitirse que, en algún modo, el *atrás* de la vida está subsumido en el *adelante* de la vida.

Muchas de *las falsificaciones vitales y biográficas* que hoy se atienden en las consultas psiquiátricas están suscitadas por *la pérdida de la sustantividad de la existencia personal,* por *el olvido del propio origen* y porque *la propia existencia está pendiente únicamente de lo inmediato.*

El origen constituye con frecuencia uno de esos dominios inexplorados de la persona que, por no haber sido suficientemente explorado, ha llegado a perder la titularidad de pertenencia que, como tal dominio, le caracterizaba respecto de la persona que era y es su propietaria. Recuperar mediante la memoria *el dominio sobre el propio origen* es hoy una tarea urgente.

La vida, como dice Eliot (1978), es una mezcla de memoria y deseo. En los deseos estamos casi siempre, pero, sin embargo, apenas si disponemos de memoria. Es necesario recuperar la ausencia significada por nuestro propio origen, a fin de que no se extravíe y, recuperándolo, pueda integrarse en el proyecto biográfico.

Gracias a la memoria de lo que hemos sido, reactualizamos la ausencia de lo que fuimos, que ahora, en tanto que ya actualizada, deviene en *presencia,* en una cierta *no ausencia.* Si se recupera el origen, nuestros proyectos y aspiraciones se ensamblan con sus propias raíces y, por consiguiente, se vertebran mejor y más se vigorizan.

La robustez así lograda de los proyectos personales hace que éstos resistan a lo efímero de los meros instantes temporales, desarticulados entre sí unos de otros. Los proyectos en los que el propio origen está comprometido se reafirman como un vigoroso continuo que va más allá de la mera sucesión de los fugaces momentos temporales.

Un proyecto es tanto más personal cuanto más enraizado esté en lo que fue su origen y en el origen de la persona que ha de llevarlo a cabo. La eficacia de la recuperación del pasado contribuye a fortalecer y optimizar el futuro. La actual pervivencia del origen dilata y optimiza la creatividad del proyecto vital por el que se ha optado y, además, lo autentica.

Al diseño y realización del proyecto de la propia vida contribuyen tanto los *estímulos* del medio como *la insatisfacción personal* relativa a nuestro pasado. En realidad, esa eterna insatisfacción de la persona para consigo misma es también la que alimenta la capacidad de decisión de la libertad personal.

Si estuviéramos perfectamente satisfechos de nosotros mismo, ¿para qué serviría ese crepitar de la libertad, que pugna por comprometerse en una u otra elección? Si la satisfacción fuera absolutamente plena, la persona no dispondría de *ningún porqué para actuar* y, en consecuencia, no habría proyecto y se paralizaría.

Pero esa insatisfacción hunde sus raíces siempre en el *antes* y en el *ahora* de nuestras vidas –casi nunca en el *adelante*, y cuando lo hace, desde luego con menor consistencia. Una insatisfacción ésta que, de uno u otro modo, siempre alcanza a la autoestima.

Es la carencia de la plena satisfacción consigo mismo, la que impulsa a la persona a la búsqueda de una cierta plenitud. Plenitud que, al menos teóricamente, se concreta en el núcleo mismo del proyecto concebido, al que se hizo tal atribución de plenitud.

ciudadano de dos mundos
Ciudadano de dos mundos –ser de esta manera y querer ser de otra– enfrentados entre sí y tal vez un tanto contradictorios, el hombre lucha por la permanencia de ambos y por la unidad entre ellos: *el ser que ya es* (y que aparece como clausurado en lo ya sido) y *el ser que quiere ser* (al menos como posibilidad, por encima y más allá de la experiencia que tenga acerca de sí mismo).

Esta dinámica de la persona se resuelve, en ocasiones, de una forma errónea. Esto es lo que sucede cuando, para obtener lo que queremos llegar a ser, tratamos de abolir y extinguir, hasta su aniquilación, el ser que fuimos y que todavía somos. En realidad, es muy excepcional e infrecuente que una persona empiece alguna etapa de su vida desde cero. Comenzar desde cero supondría la enajenación o *aniquilación del ser que es* o que fue. Tal amputación es, además de muy dolorosa, imposible. No se puede partir del *yo*, sin el *yo*.

En otras circunstancias, lo que es patético es sacrificar lo que la persona quiere ser. A su modo, es ésta también una suerte de aniquilación, aunque entendida más bien como *renuncia*. Renunciar al proyecto vital que como tal persona se concibió supone estancarse, no progresar, paralizarse. Y todo ello sin que todavía se haya logrado una plena satisfacción con lo que la persona es, que a la postre es la que elige y toma esa decisión.

No, no es fácil al hombre renunciar a ser ciudadano simultáneo de esos dos mundos íntimos. *No puede renunciar al mundo clausurado de su origen*, porque en él se autoconstituye como lo que es en la actualidad. Pero *tampoco puede renunciar* a la apertura, al proyecto, *a las posibilidades de lo que puede, quiere o debe llegar a ser*.

La salida más lúcida y menos traumática para este problema es la de *la integración*, la de la *armonía* y la concordia *entre esos dos mundos*. Lo que sería óptimo es que uno y otro se fusionaran sin solución de continuidad, que el ciudadano de uno de ellos fuera la natural prolongación del ciudadano del otro, sin que entre ellos medie ningún hiato que los separe o distinga.

integración, armonía y concordia

Esta solución no es fácil de lograr, pero es por la que conviene optar a fin de evitar las *crisis vitales* y la *angustia* que les acompaña. No se produciría aniquilación de ninguno de estos mundos si, realmente, *lo que la persona es coincidiera con* el recorrido de una etapa transitoria que, derechamente, se encamina hacia su propio fin, hacia la consecución de *lo que se quiere ser*.

En ese caso, *acabarían por identificarse* –sin rupturas, sufrimientos y tragedias– *lo que se es con lo que se quiere ser*. Pero esto es ya, en buen modo, gozar de la felicidad. He aquí la importancia de plantearse, con todo rigor, la cuestión acerca del origen de nuestro ser.

7.4. La autoestima y la cuestión del origen de nuestro ser

Sin embargo, a pesar de que continuemos con la indagación en busca de la autoestima perdida o de la nostalgia de sí mismos, nuestra capacidad de evocar se torna incompetente y no acierta a encontrar lo que precisamente buscaba. *La nostalgia de sí mismo nos remite* a la cuestión del propio origen, a *la cuestión del origen de nuestro propio ser*.

protosentimientos

El esfuerzo realizado por la evocación, a partir de esos *protosentimientos* –tenemos constancia de ello– casi nunca alcanza su fin. Es, ciertamente, un hecho tozudo que casi se confunde con el misterio. Como también hay otro hecho tozudo y misterioso que es el mismo fundamento en que está enraizado ese sentimiento de completa satisfacción de ser y sentirse querido en plenitud en el origen, suscitador de esa nostalgia que ahora tratamos de desentrañar.

El hecho debió de ser cierto, porque sin él no habría tal sentimiento, ni nostalgia del sentimiento, ni búsqueda de la causa de esa nostalgia, ni evocación de tal sentimiento. Pero la evocación encuentra muchas dificultades y la búsqueda, naturalmente, se vuelve incierta, ambigua, confusa y compleja. Pero el recuerdo, no obstante, es cierto, tozudo, perseverante y, desde luego, bien asentado.

certeza de la
experiencia de
ser queridos

Aunque no sepamos muy bien por qué –de eso trata y a eso se dirige tal búsqueda–, el hecho es que en algún momento tuvimos que experimentar, de forma indubitable, que nos querían, que nos aceptaban como éramos, que nos acogían y que, abierta y frontalmente, se alegraban por la bondad de nuestra existencia real.

Este hecho está tan firmemente asentado en nuestro ser, tan densamente consolidado en cada persona –más allá de las circunstancias que rodearan su nacimiento, de quiénes fueran sus padres, de que fueran conocidos o no por ella, e incluso a pesar de todos los errores cometidos en su propia vida, por graves que éstos fuesen–, que insiste, persiste y acompaña de forma connatural cualquier biografía personal a todo lo largo de su andadura.

La pujanza, vigor y robustez de este sentimiento son tales que se identifican con lo sustantivo y radical de la *experiencia amorosa*. Este sentimiento, originario y primero, coincide por ello con una de las mejores definiciones que se han establecido acerca del amor humano: la afirmación que puesta en boca de quienes quieren proclama la certeza de que *¡es bueno que tú existas!*

¡es bueno que *tú* existas!

Resulta lógico que, a pesar de su obviedad o precisamente por ella, la persona se sienta interpelada por la cuestión acerca de su origen. De hecho, resulta muy difícil contestar a la pregunta más elemental acerca de uno mismo –¿quién soy yo?–, sin que simultáneamente comparezcan otras personas, los padres, de los que procede el acto fundacional que nos constituye en la persona que somos.

La vinculación entre el ser del hijo y el ser de los padres, con independencia de que unos y otro se olviden o no de ello, es natural y radical, pues está en el mismo fundamento e inicio del ser que cada persona es.

carácter radical de la vinculación paterno filial

Hay numerosos indicios, empíricamente verificables, de esta vinculación radical y radicada en el propio ser. En cierto modo, resulta impensable que pueda hablarse con total independencia acerca de los padres o que se descontextualice el propio ser, desvinculándolo de su origen y omitiéndose ese sentido de procedencia y pertenencia respecto de aquéllos.

La pregunta acerca del origen queda casi siempre sin la apropiada respuesta. Las respuestas que a ella se dan (la mera procedencia y/o vinculación entre el ser personal y el de los padres) son, de ordinario, insuficientes, lo que conduce a formular nuevas cuestiones y a realizar más indagaciones. Se diría que *el anhelo de saber acerca de sí* se torna persistente en su búsqueda, a través de la indagación en el encadenamiento de unas a otras generaciones, de las que se procede.

Esto desvela que la cuestión acerca de sí –lo que sin duda alguna, más interesa a cada quien– no se limita a la mera corporalidad sino que, yendo más allá de ella, se postula de forma inquisidora respecto de la forma del propio ser y acerca del alma de la persona. Tal cuestionamiento sigue un itinerario que partiendo del propio ser se eleva por encima de sí a la búsqueda del Ser.

etimología de origen

El término *origen*, procede del sustantivo *origo* del verbo latino *orior*, que significa *nacer, aparecer, levantarse.* Desde una perspectiva antropológica, pueden distinguirse dos acepciones diferentes en este término, según se tome como principio real o como fundamento y causa.

orden real y orden lógico

Como *principio real*, el término *origen* indica aquello de lo que algo procede, el simple comienzo de algo o alguien. En el *orden real*, el término origen es principio real de los efectos que produce; en el *orden lógico*, el término origen es sólo principio lógico, premisa de las conclusiones de las que algo se infiere. En el ámbito de la *persona*, el término origen está más cerca del orden real que del orden lógico.

Como *fundamento o causa*, el término *origen* designa el principio real del cual algo o alguien procede con una relativa *dependencia en el ser*. El término origen enfatiza *más la procedencia que la dependencia*, puesto que la persona de cuyo origen se trata es un ser libre, único y distinto de cualquier otro (Polaino-Lorente, 1999).

dependencia e independencia de los hijos

En lo relativo a la *paternidad* y *maternidad* de la persona, el término origen no abarca todas las causas que se concitan en el origen del hijo, sino sólo a algunas de ellas (las causas material y eficiente, pero no las causas final y formal). Por eso mismo no debiera establecerse una dependencia (causal) del hijo respecto de sus padres.

Los hijos dependen en muchas cosas de sus progenitores, especialmente durante las primeras etapas de la vida. Pero en la medida que el hijo crece y puede valerse por sí mismo no debiera acontecer que el hijo continúe siendo dependiente de sus padres.

El hecho de que los padres no sean la causa final y formal de sus hijos, pone de manifiesto la sana y natural independencia de éstos respecto de aquellos. Cuando, por las razones que fuere, se mantiene un fuerte grado de *dependencia entre hijos y padres*, entonces se les hace un flaco servicio a los hijos, porque se distorsiona el desarrollo de su personalidad hasta un extremo enfermizo y, en definitiva, no se respeta el ser que cada uno es.

Por eso es tan importante para entender la nostalgia de la autoestima personal contemplar la cuestión acerca del origen de la persona. A las personas les va en ello su misma identidad. La dependencia de los hijos respecto de los padres debiera por eso manifestarse siempre como una *dependencia menor, relativa* y *transitoria*. De hecho, nadie puede vivir su vida al dictado o por encargo de lo que otras personas decidan por él. Cada persona ha de alcanzar su propio destino y para ello se precisa de la libertad, que, en modo alguno es delegable y renunciable.

Nada tan cierto como el olvido del ser en la vida cotidiana de los hombres. En la actualidad, la principal *amnesia de la persona es el olvido del ser del hogar, que es el propio hombre*, lo que le impide el conocimiento de su ser, que queda siempre relegado y sumergido en la indiferencia que alimenta el propio olvido. Es este *olvido* lo que genera *la nostalgia de sí mismo* –una nostalgia inoperante, a pesar de lo que tiene de regreso a su primera inocencia–, que palpita con añoranza en el modo de pensar humano acerca de la autoestima.

el olvido del ser

Si tan difícil resulta hoy el conocimiento personal es porque la persona no se abre al ser ni se deja cuestionar por todo cuanto existe. En el fondo, porque no se deja interpelar por el ser personal en que ella misma consiste, por lo que de verdad le hace ser y ser lo que es. Es preciso dejar que se manifieste el ser personal y abrirse al Ser que lo funda y al que, en alguna forma, remite; sólo desde esta perspectiva de *dejar ser* al ser, tal vez la persona pueda encontrar la respuesta satisfactoria acerca de su origen.

abolición de la apertura y de la admiración

El olvido del ser pone de manifiesto la previa abolición de esa actitud de apertura y admiración ante el propio origen que es lo que, precisamente, posibilita su esclarecimiento. En el actual horizonte se ha extinguido cualquier pregunta acerca del Ser que Es, del Ser que funda ese *fundamento fundado*, que es el hombre. He aquí el contenido de esta amnesia tan particular que anida en el hombre contemporáneo. Una amnesia que, en su radicalidad, llega a condicionar la ignorancia incluso acerca del ser participado.

Si la persona se comporta como si sufriera de amnesia respecto de su propio origen, es porque *desconoce la participación gratuita de su ser* y *el hecho de la donación que el Ser le hizo*. El olvido del ser –como señala Cardona (1997), a quién hasta aquí hemos seguido–, supone también *el olvido de la opción por la que aquél se olvidó, la extinción del recuerdo del propio origen así como del sentido, dirección y destino de la propia vida.*

memoria

Hoy es urgente recuperar esa facultad que es la memoria. "La memoria –escribe Giussani (1996)– es la continuidad de la experiencia de algo presente, la continuidad de la experiencia de una persona presente, de una presencia que no tiene ya las cualidades y la inmediatez de cuando uno agarra la nariz de otro y tira de ella (...) La memoria es la conciencia de una Presencia".

Si se recordase el origen del propio ser, muy probablemente se evocarían también las primeras relaciones entre padres e hijos y todo lo que ellas significaron y continúan significando para la persona.

relaciones entre padres e hijos: implicación en el desarrollo de los sentimientos y de la autoestima

No deja de ser curioso que también casi se hayan olvidado las implicaciones que las relaciones entre padres e hijos tienen respecto del desarrollo de los sentimientos, la autoestima y la formación ética de estos últimos. *Si los hijos se sienten afirmados en su valer* (Polaino-Lorente, 1992), es lógico que cesen también la inseguridad y la experiencia de su debilidad. *Si los padres aprueban el comportamiento de sus hijos, forzosamente han de aprobar también el valor de su ser.* En cierto modo, la seguridad y autoconfianza que el niño puede alcanzar respecto de sí mismo se apoyan y sostienen en la seguridad y confianza que proceden de sus padres. Cuando esto sucede, es comprensible que el niño actúe como si dijera: "Mi padre confía en mí; ninguna debilidad mía me puede detener; mi padre no se equivoca; lo intentaré otra vez, yo no puedo defraudar a mi padre".

Esta autoconfianza básica, tan necesaria en el niño, es algo que le ha sido prestado por sus padres. Gracias a ella el niño se atreve a acometer actividades, tareas, funciones, que sin ella jamás se atrevería. Una vez, que gracias a ese atrevimiento, el hijo las realiza, la autoconfianza inicial de que partía no es ya una autoconfianza virtual, sino real: la *autoconfianza* que resulta como consecuencia del hecho de haber realizado bien una tarea determinada y, además, de saberlo.

autoconfianza básica

Aún así, el hijo continúa precisando del *reconocimiento y aprobación del padre* que ha de juzgar las acciones por él realizadas. La manifestación por parte del padre acerca de la bondad de lo que el niño ha realizado es al mismo tiempo que *un juicio confirmatorio de su valía personal, la manifestación y expresión del afecto paterno.*

El niño experimenta, entonces, que es querido por su padre, simultáneamente que sus acciones son calificadas por éste como buenas. Esta condición constituye un asentamiento sólido y bien fundado en el que el comportamiento ético comienza a arraigar.

De hecho, la *conducta ética* no se limita a un mero cumplimiento de la normativa vigente, sino que hunde sus raíces en el núcleo afectivo, en el *querer* que sostiene y fundamenta tales normas. Las normas se asumen e interiorizan —una vez que se conocen—, no por ellas mismas, sino por el amor al autor en que aquellas están fundadas. De aquí que, como dice Giussani (1996), "la fuente de la moral es querer a alguien, no cumplir leyes".

La vinculación entre padres e hijos, en las primeras etapas de la vida, no es una mera relación entre personas, sino lo que *por*

la vinculación entre padres e hijos: factor autoconstitutivo estar en el origen mismo de cada persona y en su apenas iniciada apertura al mundo, deviene en algo *autoconstitutivo* de su propio ser. No puede olvidarse esto y, simultáneamente, tratar de conocerse y estimarse a sí mismo. Por eso, es harto recomendable al realizar estas indagaciones acerca del propio ser, remontarse desde el olvido del origen (*amnesia*) a su recuerdo (*anamnesis*).

anamnesis

El término *anamnesis*, del griego *aná*, reiterar, y *mnesis*, memoria, significa el acto de evocar en la memoria sucesos, acontecimientos, objetos y personas que, sin estar actualizados, no obstante, están almacenados en la memoria. La anamnesis no es otra cosa que el arte de recordar; una forma de actualizar los contenidos de la memoria a través de la reminiscencia.

recordar

En lo relativo a la anamnesis del ser, este término deriva también de la raíz hebrea *zkr*, que designa la operación de recordar. Pero en este contexto, *recordar* no es un mero proceso introvertido, a cuyo través se evoca un recuerdo o una persona del pasado, sin compromiso alguno por parte de quien recuerda.

Recordar, en el *contexto hebreo*, significa *traer el pasado hasta el presente para*, de esta manera, *transformar el contenido recordado en un impulso eficaz para hacer algo ahora*. Esto quiere decir que, de acuerdo con tal significado, lo recordado deviene en *motivación*, proyección, proyecto, trayectoria, *egoimplicación*. No se trata aquí de sólo recuperar el pasado en cuanto tal, sino de trasladar el pasado al presente (una cierta actualización), para que en este último resulten eficaces las implicaciones derivadas de su significado. Acaso por ello, en el marco de los ritos, la anamnesis se confunde con un acto ritual que se realiza como *memorial (le-zikkaron)*, con toda las consecuencias que esto conlleva, de forma que se dé alcance al preciso sentido del rito.

anamnesis del ser
como memorial y
preconocimiento

En consecuencia con esta última etimología, la anamnesis del ser es más un *memorial* que un mero recuerdo. En tanto que memorial es propiamente una actualización, la proclamación en el presente de lo recordado, con plena fidelidad y vigencia al hecho por él significado. Esto quiere decir que se deja atrás y no se presta atención a lo que pueda tener de mero recuerdo del pasado, gracias a lo cual deviene en *una actualización inteligible vinculada al presente y abierta al futuro.*

No se trata, pues, de la mera reminiscencia platónica, al modo de un desmayado recuerdo que se vivió de las ideas eternas, de un tiempo ya ido. La *anamnesis del ser* constituye *un modo de preconocimiento* –un saber incompleto, incierto y aún no sabido del todo, pero a la postre un cierto conocimiento–, *de una realidad, de algún modo, ya presente.* Esta es, al fin, una de las soluciones que tal vez pueda contribuir a ayudar a las personas a que se conozcan más y se amen mejor a sí mismas.

7.5. Dios y la estima personal

Los deseos del bien parecer, la importancia del reconocimiento social, el miedo al *qué dirán* resultan insuficientes a la hora de fundamentar la autoestima personal. Es cierto que la persona tiene el deber de velar por su propia imagen, por el modo en que se inicia la *opinión pública* que se formará luego acerca de ella.

Esta obligación viene exigida por *la justicia*, porque la fama, la honra personal y el honor forman parte de la virtud de la justicia, de lo que es debido a la persona por ser persona. En cambio, el alabarse a sí mismo y el andar azacanado con tal de elevar la estima personal, nada tiene que ver con la justicia, sino más bien con la presunción y el egoísmo del propio *yo*.

La *imagen*, diríamos hoy, es muy diferente del *ser*, aunque algunas personas atiendan a la primera y se desentiendan del segundo. ¿Para qué trabajamos: para el ser o para la imagen? He aquí una pregunta no fácil de responder. El ser no ha de fundamentarse en la imagen, a no ser en su auténtica imagen, como tal ser. La afectación del ser por la imagen representada –especialmente, cuando en cada contexto se da una imagen diferente, de acuerdo con lo que es deseable en ese medio– hace que, en ocasiones, resulte imposible

hombre
caleidoscópico
y fragmentación
de la cultura
contemporánea

la síntesis conciliadora e integradora de tan diversas y contradictorias imagines respecto del ser que se es. Este es el caso del *hombre caleidoscópico* –cuya imagen cambia, según la perspectiva desde donde se le observe–, que tanto tiene que ver con la *fragmentación de la cultura contemporánea.*

creados a imagen de Dios

La imagen que hay que dar, la imagen que más ha de importar, la única imagen definitiva es la que cada persona da respecto de Dios, quien le creó *a su imagen y semejanza.* Como consecuencia de ello, esa imagen es la única que hay que cultivar –es lo que se conoce con el término de *testimonio*– en la tan corta y muy arriesgada travesía por este mundo.

Andar *engolfados en la propia estima*, en una estima que siempre será circunstancial y, a veces, meramente coyuntural es, por eso, un importante error de muy funestas consecuencias para la persona y la entera sociedad.

Sea como fuere, el hecho es que dadas estas circunstancias se precisa una *vuelta a los orígenes*, y para ello es preciso remontar la amnesia del propio ser, entregándose a la anamnesis de quien se es.

anamnesis del ser y amnesia del ser

La *anamnesis del ser* es lo contrario que la *amnesia del ser.* La anamnesis resulta imprescindible para *recuperar la autoestima* del hombre amnésico de nuestro tiempo, pues sólo a través de la memoria del origen del ser, se alcanza el propio ser y la identidad personal en que se funda la autoestima.

La recuperación de la memoria del origen posibilita, a su vez, la eclosión del personal y verdadero destino, y contribuye a esclarecer las decisiones que han de tomarse en el futuro. Sucede aquí algo parecido a eso que acontece en la parábola de El hijo pródigo, que es cada persona, y que tan bella y tiernamente ha sido narrada por Nouwen (1994).

origen del ser y raíces de la estima personal

La recuperación y actualización del origen del ser y del mismo ser, mediante la anamnesis, conduce a atisbar las raíces de la estima personal. Una estima ésta que está entretejida y trenzada con la percepción de la estimación de las personas que estuvieron implicadas en el acto fundacional de la vida del propio ser.

Sin la necesaria anamnesis no parece que sea posible la superación de la amnesia, como sin *el conocimiento del origen* tampoco es posible *el conocimiento del destino* personal. De igual modo, sin percatarse de la *filiación,* es altamente improbable que se tomen las decisiones que son necesarias para comportarse con justicia respecto de sí mismo y de los padres.

Lo más lamentable de la amnesia acerca del propio origen es que genera de inmediato otras *amnesias adicionales.* En primer lugar, la del propio ser; siguen a esta las amnesias acerca de la filiación y la paternidad y, a continuación, el olvido del propio destino.

amnesias adicionales

Este encadenamiento en el plano meramente humano resulta insuficiente en la indagación acerca de la autoestima. ¿No será que habrá que apelar a Dios, en donde está el origen de la persona, para completar estas indagaciones? En cierto modo, el olvido de la paternidad humana condiciona el olvido de la paternidad divina, como el olvido del origen humano de la persona suele conllevar el olvido de su origen divino y viceversa.

La *anamnesis del ser* es una memoria o mejor un *memorial de lo sido* —no de lo sabido—, en tanto que origen del inicio del ser y la continuidad de lo que seguimos siendo. En cierto modo, la anamnesis del ser es una cierta *memoria de Dios*, que estuvo presente en el acto fundacional del propio origen, con cuyas claves explicativas se alcanza mejor *la memoria de sí mismo.*

De otro lado, la memoria de sí mismo (*memoria sui*), si es auténtica —y sólo lo será, si es verdadera—, se desvela como memoria de la verdad (*memoria veritatis*), que conduce a la memoria de Dios (*memoria Dei*).

la memoria sui conduce a la memoria Dei

Pero —como decía Agustín de Hipona— *Dios es más íntimo a la persona que ella misma.* Se comprende, por eso, que la memoria del Ser fundamenta la consistencia, estabilidad y fiabilidad de la memoria de la persona acerca de ella misma. Lo cual está muy puesto en razón con lo que dice la Escritura de que *en Dios nos movemos, existimos y somos.*

Esto, cuando menos, hace pensar o debería hacernos pensar. Supongamos, por un momento que esto es verdad. De ser verdad las anteriores afirmaciones, está claro que el mejor modo posible de conocerse la persona a sí misma es *conocerse en Dios*, conocerse en el origen, *conocer a las Personas que son más íntimas a ella misma que su propia persona.*

conocerse y amarse en Dios

Pero no es suficiente con conocerse en Dios, sino también estimarse en el origen, es decir, *estimarse en Dios*, amarse a sí mismo en Dios. Si Dios es amor, entonces *amar el Amor es amarse a sí mismo*, es autoestimarse *en* y *como* las Personas divinas nos aman. Estimarnos en Dios es el procedimiento más riguroso para estimarnos –con toda objetividad y como debemos– a nosotros mismos.

Dios como amor primero y fundante

A ello hay que añadir que fue Dios quien nos amó primero, por lo que *el origen de la autoestima está más en Él que en nosotros.* No es que Dios nos creara y luego –apreciando las cualidades que había en nosotros– nos amara; Dios nos amó primero –he aquí una vez el misterio que rodea a la autoestima personal– y al amarnos nos creó.

De aquí también que la mejor forma de amar a los demás sea *estimarlos como Dios los ama*, es decir, *amar a los demás en Dios.* De esta manera, no se les estima según el grado de sintonía que se tenga con ellos o la afinidad en los valores de que disponen o tal vez en función de cómo nos parezca que son.

amar como ama Dios

Amarles como Dios les ama es amarles como realmente son, porque Dios les ama como son. Entre otras cosas, porque su amor es incondicionado y no se somete al albur de la versatilidad de las cambiantes condiciones y circunstancias que acompañan el vivir humano.

alteridad e irrepetibilidad del *tú*

No se trata, pues, de querer al otro sólo desde la singularidad irrepetible del propio *yo*, sino también desde la alteridad e irrepetibilidad del *tú* en que cada persona consiste. En esto reside el anonadamiento del *yo* y *la rendición de la persona* en el amor al *tú*. Del modo como amemos a los demás dependerá el modo en que nos estimemos a nosotros mismos. Aunque, como es obvio, no sólo de eso dependa la autoestima.

La capacidad de amarnos a nosotros mismos es una cualidad innata. El amor a uno mismo es anterior al *amor resultado*. No es que primero se alcancen cosas y que luego, como resultado de las cosas alcanzadas por el *yo*, la persona se ame a sí misma. Más bien sucede lo contrario: que inicialmente la persona se ama a sí misma, con independencia de que alcance o no ciertas cosas.

la capacidad
de amarnos
es innata

Más aun, si alcanza ciertas cosas es porque a sí misma se ama, porque el amor al *yo* le empuja a alcanzarlas. Ello no obsta, para que, luego, como consecuencia de sus logros y de las metas alcanzadas, se ame más o menos a sí misma o de otra diversa forma.

En muchas ocasiones, por otra parte, es indiferente el valor de la persona respecto al modo en que se ama a sí misma. Se diría que lo que la persona vale se independiza y deviene irrelevante respecto del modo en que se trata a sí misma. Hay *triunfadores* (según el éxito social alcanzado) *que dan pena* (en función de cómo se estiman) y hay también *fracasados que no suscitan compasión alguna*. En unos y otros, habría mucho que escribir acerca del maltrato de sí mismo, de esa guerra sin fundamento del *yo* contra el *yo*, del hombre contra sí mismo. Pero no es pertinente detenerse ahora en esta cuestión.

El hecho es que *el valer y la autoestima*, en muchas personas, no suelen ser coincidentes. Lo uno no es la prolongación natural de lo otro y viceversa. No obstante, es un deber de la condición humana que cada persona se reconcilie consigo misma. También la aceptación de sí mismo tiene mucho que ver con la autoestima y el amor en el origen.

valer y
autoestima

El amor a los demás tiene mucho o poco que ver con el amor a sí mismo. Se diría que la autoestima varía mucho de unas a otras personas si la comparamos con el modo en que cada una de ellas ama a los demás. De aquí que si algunas personas amaran a los demás como se aman a sí mismas, el homicidio iría en aumento; por el contrario, hay otras muchas personas en que de satisfacerse este principio el mundo se transformaría en un oasis de paz. Tal vez por eso sea sólo parcialmente verdad el contenido de la siguiente proposición psicológica: *Dime qué, a quién y cómo le(s) amas y te diré quién eres.*

Cuestión muy diferente es el culto a la personalidad y la devoción por el *yo* a que se entregan otras personas. Esto raya, desde luego, en el *narcisismo*, al que líneas atrás ya se aludió.

Sin embargo, a lo que se observa, la autoestima y el aborrecimiento personal están en flagrante contradicción. Según San Bernardo, "quien no medita no se aborrece, porque no se conoce". Esto significaría que el conocimiento personal ha de acabar siempre en el aborrecimiento o, al menos, en un cierto aborrecimiento. A esto habría que contestar que *sí* y que *no*, o tal vez que *depende* de la perspectiva que se adopte. Tan bueno puede ser aborrecerse a sí mismo (en los defectos que se tienen), como estimar y agradecer las cosas buenas que se han recibido y que mediante la lucha personal se elevan a su mayor estatura posible.

incondicionalidad del amor divino

De otra parte, conviene no olvidar que el amor incondicionado de Dios por cada persona es suficiente fundamento como para que la persona tenga *la convicción de ser el único ser que es amado por sí mismo*, con independencia de lo que se sea, tenga o parezca. Al menos así lo asegura la natural incondicionalidad del amor divino.

experimentar el propio valor intrínseco

La capacidad de conocerse a sí mismo hace que la persona experimente su propio *valor intrínseco*, con independencia de las características, circunstancias y logros personales que más tarde acaso la definan e identifiquen como tal. Esto forma parte de la antropología realista y no debiera arrojarse en saco roto, sino tenerse muy en cuenta.

Llegados a este punto, parece conveniente que retomemos algunas de las definiciones que se han ofrecido respecto de qué sea el amor y tratar de hacerlas *chocar* en lo que se refiere a la autoestima.

Poner en la boca de Dios, por ejemplo, que *es bueno que tú existas*, referido a uno mismo, podría constituir un excelente fundamento de la estima personal, sobre todo por lo que tiene de deslumbramiento y desvelamiento del propio origen. Y, además, porque es verdad, pues si no fuera verdad la bondad de la propia existencia, Dios no le habría dado el ser.

Dios dice: ¡Es bueno que tú existas!

Querer el bien de sí mismo supone querer más y mejor el propio origen y, sobre todo, el propio destino. Hasta el punto de que la autoestima podría concebirse en función de ese destino y de ahí la legitimación del querer de la persona a sí misma.

el bien de sí mismo

Autoexpropiarse en favor de otro constituye otra fuente motivadora de la autoestima personal, puesto que cuanto más tenga y tanto mejor se conozca a sí misma la persona, tantas más posibilidades tendrá de darse a los demás, y mucho más se motivará a hacer de ella la mejor persona posible, a fin de darse todavía más a los otros.

Estar persuadidos de que *quiere más quien ama mejor, quien se da más*, es también un excelente factor motivador del propio crecimiento y, en consecuencia, de la autoestima personal.

ama más quien se da más

Disponer de la convicción de que *por efectos de la donación, la vida singular no se extingue sino que se transforma, expande e intensifica* puede actuar también como un poderoso aliciente para progresar y mejorarse. El *yo* no deja de ser *yo* porque se regale. Más aún, cuando se regala, el *yo* se acrece y enriquece en el *tú* a quien se da. De aquí que, gracias a la acción transformadora del otro, a quien se regala, el *yo* resulte también autotransformado.

por la donación la vida se transforma

La autoestima mejor fundada es la que pone el *centro* de la persona no en sí misma sino en el otro. De esa manera, como el amor tiende a la unidad y a la identificación con la persona que se ama, el propio *yo* se acrecerá y enriquecerá. En ese caso al haberse dado al otro, el *yo* ya no se pertenece sino que está desposeído de sí mismo, pero a su vez se encuentra, realiza y recobra en el otro. Por eso, cuando ama al otro se ama más y mejor a sí

poner el centro en el otro

mismo. En esas circunstancias, el sentido de la vida de sí mismo se encuentra en el otro, acaso porque su vivir sin el otro sería un vivir imperfecto, un *sin vivir*.

...como el otro quiere ser querido

Un paso más y la persona que entiende de esta forma su auto-estima optará por *querer al otro como el otro quiere ser querido*. Esto supone querer la voluntad del otro, que no es otra cosa que quererle, querer su querer, amar su amor, amar el amor con que el otro ama y, por consiguiente, amarle en la forma que el otro se ama, autoestimarse en el modo en que el otro le estima.

Aunque las anteriores consideraciones se refieran al amor huma-no, con mayor fundamento podrían atribuirse respecto del amor a Dios. Lo que pone de manifiesto que la autoestima así entendida es la innegable e irreprimible *vocación* de la persona a la *trascenden-cia*, una vocación que tiene por enseña la apertura al otro.

¿De qué le serviría a una persona desentenderse del otro para quererse sólo a sí misma?, ¿se puede ser feliz así?, ¿se puede vivir así? La necesidad irrenunciable de *querer* y *ser querido*, que carac-teriza a la condición humana, pone de manifiesto que incluso la propia autoestima tiene necesidad de la interacción personal (de la estimación de los otros) para llegar a ser lo que es y algo que en verdad caracterice a quien se es.

Tal vez el misterio de la autoestima perdida y el perseverante y continuo anhelo del hombre por encontrarla, sin que lo consiga del todo, aconseje otro tipo de orientaciones y planteamientos. Dado el aparente fracaso de las búsquedas anteriores, ¿por qué no tratar de abrirse y contar más con Dios, también para estimarse mejor?

En síntesis, que la autoestima más estable, constante y verda-dera sería aquella que satisficiera las condiciones siguientes: que-rerse a sí mismo en Dios; quererse como Dios nos quiere; querer a los otros como Dios los quiere y querer a Dios como Dios quie-re ser querido. ¿Acaso se pierde algo por intentarlo?

Bibliografía

Agustín, San (1967): *La ciudad de Dios*, 14, 13, en *Opera Omnia*. BAC. Madrid.

Aguiló, A. (2001): *Educar los sentimientos*. Palabra. Madrid.

Argyle, M., Alkema, F., y Gilmour, R. (1971): The Communication of Friendly and Hostile Attitudes by Verbal and Non-verbal Signals, en *European Journal of Social Psychology*, 1, 385-402.

Argyle, M., Salter, V., Nicholson, H., Williams, M., y Burgess, P. (1970): The Communication of Interior and Superior Attitudes by Verbal and Non-verbal Signals, en *British Journal of Social and Clinical Psychology*, 9, 222-231.

Asensio Aguilera, J. M. (2002): "Las actitudes en la reforma: un aspecto de la educación emocional". *Revista Española de Pedagogía*, 221: 51-64.

Baumrind, D. (1975): Some Thougths about Childrearing. In U. Bronfenbrenner & M. Mahoney (Eds.) *Influences on Human Development*. Hinsdale, IL: Dryden Press.

Revisar espaciado

Beck, A.T., Rush, A. J., Shaw, B. F., y Emery, G. (1980): *Cognitive Therapy of Depression*. The Guilford Press. Nueva York.

Bednar, R., Wells, G., y Peterson, S. (1989): *Self-Esteem. Paradoxes and Innovations in Clinical Theory and Practice*. Washington D. C.: APA.

Branden, N. (1969): *The Psychology of Self-esteem*. Bantam. New York.

Brown, M. A. y Broadway, M. J. (1981): The Cognitive Maps of Adolescents: Confussion about Inter-town Distances. *Professional Geographer*, 33, 315-125.

Buss, D. (1997): *The Evolution of Desire*. Basic Books. Nueva York.

Cardona, C. (1987): *Metafísica del bien y del mal*. Eunsa. Pamplona

Cardona, C. (1997): *Olvido y memoria del ser*. Eunsa. Pamplona

Coopersmith, S. (1967): *The Antecedents of Self-esteem*. Freeman and Company. San Francisco.

Darwin, Ch. (1872): *The Expresion of the Emotions in Man and Animals*. John Murray. Londres. (*La expresión de emociones en los animales y en el hombre*. (1984). Alianza Editorial. Madrid).

Díaz, C. (1993): *Diez miradas sobre el rostro del otro*. Caparrós Editores, Madrid.

Dostoievsky, F. (1999): *Crimen y castigo*. Barcelona: Juventud.

Ehrenberg, A. (1998): *La fatigue d'être soi. Dépression et société*. Odile Jacob. Paris.

Ekman, P. (1973): *Darwin and Facial Expresion: A Century of Research in Review*. Academic Press. Nueva York.

Ekman, P., Friesen, W. V., y Ellsworth, P. C. (1972): *Emotion in the Human Face*. Pergamon Press. Nueva York.

Ekman, P., y Friesen, W. V. (1974): Non-verbal Leakage and Clues to Deception. *Psychiatry*, 32, 88-106.

Ekman, P., y Friesen, W. V. (1975): *Unmasking the Face*. Prentice-Hall. Englewood Cliffs.

Eliot, T.S. (1978): *Poesías reunidas 1909/1962*. Alianza. Madrid.

Ellis, A. (1980): *Razón y emoción en psicoterapia*. Desclée de Brouwer. Bilbao.

Revisar espaciado

Ende, M. (1988): *Mono*. Alfaguara. Madrid.

Epstein, S. (1985): "The Implications of Cognitive-experiential Self-therapy for research in social psychology and personality". *Journal for the Theory of Social Behavior*, 15, 283-309.

Fierro, A. (1998): El conocimiento de sí mismo. En Alfredo Fierro (comp.), *Manual de psicología de la personalidad*. Paidós. Barcelona.

Fontana Tarrats, J. M. (1979): *Dos trenes se cruzan en Reus*. Acervo. Barcelona.

García Villamisar, D. y Polaino-Lorente, A. (2000): *El autismo y las emociones. Nuevos hallazgos experimentales*. Promolibro. Valencia.

Giussani, L. (1996): *¿Se puede vivir así?* Encuentro. Madrid.

Goleman, D. (1996): *Inteligencia emocional*. Kairós. Madrid.

Goleman, D. y Bloomsbury, C. (1977): *Emotional Intelligence: Why it can matter more than IQ*. Bantam. Nueva York.

González, M. C. y Tourón, J. (1992): *Autoconcepto y rendimiento escolar*. Eunsa. Pamplona.

Gregorio Magno, San. (1955): *Catena Aurea*, vol. VI: 299, en *Obras de San Gregorio Magno*. BAC. Madrid.

Grün, A. (1999): *Portarse bien con uno mismo*. Sígueme. Salamanca.

James, W. (1890): *The Principles of Psychology*. Harvard University Press. Cambridge. (Primera edición definitiva patrocinada por American Council of Learned Societies, en 1981).

Kumler, E., y Butterfield, M. (1998): *Gender difference in map reading*. University of Colorado.

Lasch, Ch. (1999): *La cultura del narcisismo*. Andrés Bello. Barcelona.

Lévinas, E. (1991): *Etica e infinito*. Visor, Madrid.

Lipovetsky, G. (1986): *La era del vacío. Ensayos sobre el individualismo contemporáneo*. Anagrama, Barcelona.

Lledó, E. (1996): *La memoria del Logos*. Taurus. Madrid.

Mèlich, J. C., Palou, J., Poch, C., y Fons, M. (2001): *Responder del otro*. Síntesis. Madrid.

Marías, J. (1971): *Antropología metafísica*. Revista de Occidente. Madrid.

Marina, J. A. (1997): *El laberinto sentimental*. Anagrama. Barcelona.

Marina, J. A. (1998): *La selva del lenguaje. Introducción a un diccionario de los sentimientos*. Anagrama. Barcelona.

Maslow, A. (1993): *Motivation and personality*. Harper. New York.

Millán-Puelles, A. (1993): *La libre afirmación de nuestro ser*. Rialp. Madrid

Mirá y López, E. (1958): *Manual de Psicoterapia*. El Ateneo. Buenos Aires.

Mruk, Ch. (1999). *Auto-estima. Investigación, teoría y práctica*. Desclée de Brouwer. Bilbao.

Newman, B., & Newman, P. (1987): *Development through life: A psychosocial Approach* (4th ed). Dorsey Press. Chicago.

Nouwen, H. J. M. (1994): *El regreso del hijo pródigo. Meditaciones ante un cuadro de Rembrandt*. PPC. Madrid.

Platón. *Teeteto*.

Polaino-Lorente, A. (1987): *La agonía del hombre libertario*. Asociación de la Rábida – Universidad de Piura, Madrid.

Polaino-Lorente, A. (1990): *Madurez personal y amor conyugal. Factores psicológicos y psicopatológicos*. Rialp, Madrid. (Traducción italiana. Amore coniugale e maturitá personale. A. Polaino-Lorente. Ed. San Paolo. Milano, 1994).

Polaino-Lorente, A. (1991): "Theory of Communication and Psychiatry", en A. I. Seva (dir.), *The European Handbook of Psychiatry and Mental Health*. Anthropos. Barcelona.

Polaino-Lorente, A. (1991): *Hijos celosos*. CEAC. Barcelona.

Polaino-Lorente, A. (1992): "El manso y decidido afán de afirmar al otro en su valer". *Themata. Revista de Filosofía*, 9: 271-288.

Polaino-Lorente, A. (1996): "Cómo hacerse sin deshacerse." *Arvo*, 150, 1-4.

Polaino-Lorente, A. (1996): *Psicología Patológica*. UNED. 7ª ed. Madrid.

Polaino-Lorente, A. (1997): ¿Cómo saber si se está o no enamorado? *Letras de Deusto*, 27, 75, 13-42.

Polaino-Lorente, A. (1998): "Padres y profesores como agentes motivadores del niño". *Cuadernos de Realidades Sociales*, 51-52, 81-98.

Polaino-Lorente, A. (1999): "La cuestión acerca del origen: El olvido del ser y la necesidad de la anamnesis en la actual paternidad humana. *Familia et vida*, 2-3: 68-94.

Polaino-Lorente, A. y Martínez Cano, P. (1999): *La comunicación en la pareja*. Rialp. Madrid.

Polaino-Lorente, A. (2000a): Una introducción a la psicopatología de la autoestima. *Revista Complutense*. 11, 1, 105-136.

Polaino-Lorente, A. (2000b): *¿Síndrome de Peter Pan? Los hijos que no se marchan de casa*. Desclée de Brouwer, 2ª ed. Bilbao.

Polaino-Lorente, A. (2001): *Autoestima, madurez personal y comunicación interpersonal*. Seminario impartido en la Escuela de Educación de la Universidad Austral, Buenos Aires.

Polaino-Lorente, A. (2001): *Cinco lecciones sobre la educación familiar en la autoestima* (cinco vídeos). Clínica Universitaria de la Universidad de Navarra.

Polaino-Lorente, A. (2003a): "El desarrollo de la identidad sexual en los varones: líneas de actuación para el tercer milenio". *Ponencia al Simposium Internacional de Educación*. Madrid, 29 de Septiembre de 2001 (en prensa).

Polaino-Lorente, A. (2003b): *¿Hacia una cultura del individualismo? Letras de Deusto* (en prensa).

Polo, L. (1977): "Los límites del subjetivismo". *Nuestro Tiempo*, 24, XLVII, 273, 5-22.

Polo, L. (1981): *Quién es el hombre. Un espíritu en el mundo*. Rialp. Madrid.

Pope, A., McHale, S., y Craighead, E. (1988): *Self-esteem Enhancement with Children and Adolescent*. Pergamon Press. Nueva York.

Rosenberg, M. (1965): *Society and the Adolescent Self-image*. NJ: Princeton University Press. Princeton.

Rosenberg, M. (1979): *Conceiving the Self*. Basic Books. New York.

Simmel, G. (1938): *Cultura femenina*. Letras. Santiago de Chile.

Smelser, N. J. (1989): "Self-esteem and Social Problems. An Introduction", en A. M. Mecca, N. J. Smelser, & J. Vasconcellos (eds), *The Social Importance of Self-esteem* (294-326). Berkeley: University of California Press.

Sorokin, P. (1962): *Sociedad, cultura y personalidad. Su estructura y su dinámica*. Aguilar. Madrid.

Tausch, R., y Tausch, A. M. (1981): *Psicología de la educación*. Herder. Barcelona.

Vargas, T. y Polaino-Lorente, A. (1996): *La familia del deficiente mental. Un estudio sobre el apego afectivo*. Madrid. Pirámide.

White, R. (1963): "Ego and Reality in Psychoanalytic Theory: A Proposal Regarding Independent Ego Energies". *Psychological Issues*, 3 (3), 125-150.

Yepes Stork, R. (1996): *Fundamentos de Antropología*. Eunsa. Pamplona.

Yepes Stork, R., y Aranguren Echevarría, J. (2001): *Fundamentos de Antropología. Un ideal de la excelencia humana*. 5ª ed. Eunsa. Pamplona

Colección Vientos a los Cuatro

Director: Manuel Guerrero

Este libro se terminó
de imprimir
en los talleres de
Publidisa,
el 30 de julio de 2004.